インタビュー集

時代を拓くあなたへ

50人の伝言

全国革新懇 編

新日本出版社

はじめに

「果てしなく枯草匂う祖国なり」。俳人・金子兜太《とうた》、89歳のときの一句です（『海程』２００９年２・３月号）。枯草のように朽ち果ててゆく日本。金子さんの心象風景だったのでしょう。のちに起こる東日本大震災・福島原発事故に心を痛め、「戦争する国」への歩みを憂えていた金子さんの中で、〝枯草日本〟のイメージはいっそうはっきりと像を結んでいったのかもしれません。しかし、金子さんの心には、別の日本の現実も刻まれていたようです。「菅原文太気骨素朴に花八ツ手」（『海程』15年２・３月号）、「沖縄を見殺しにするな春怒涛」（『海程』15年５月号）。「政治の役割は二つあります。一つは、国民を飢えさせないこと。もう一つは、これが最も大事です。絶対に戦争をしないこと！」と語った菅原文太さんも、「春怒涛」のように権力の横暴に立ち向かう市民も、金子さんご自身もそうであった、時代を切り拓く人たちです。

本書に、いまは故人となられた金子兜太さん、菅原文太さんの遺言ともいえる発言も収めました。本書は、平和・民主・革新の日本をめざす全国の会（通称・全国革新懇）が発行する月刊紙「全国革新懇ニュース」のインタビュー欄記事を、掲載時のまま紹介しています。２０１３年11月号を起点に18年５月号まで約４年半の、47人のお話を新しい順に収録し一冊にまとめました。あわせて、「全国革新懇ニュース」に寄せられた３人の時評・随筆をコラムに編んで載せています。

50人のみなさんが「全国革新懇ニュース」に登場された時期は、戦後史に特筆されるに違いありません。歴代の保守政権の中でも特異とされる安倍晋三内閣が、特定秘密保護法、戦争法、共謀罪法などの成立を相次いで強行し、ついには自民党が憲法9条改定を公然と打ち出すにいたるものの、権力私物化への批判や外交の破たんで政権が崩壊過程に入る時期と重なります。一方で、暴走する政権に対する市民の新しい運動が次々と起こり、たゆまず民主運動を続けてきた勢力と合流し、やがて「市民と野党の共闘」というかつてない共同・連携が芽生え発展するときでした。本書への収録の起点を、新しい市民運動のリーダーの一人、ミサオ・レッドウルフさん（首都圏反原発連合）の登場する号に定めた理由も、そこにあります。

みなさんの発言は多彩です。政治・社会についての鋭い警句。よりよい日本への斬新な提言や構想。各分野の重鎮の、文字通り重みある卓見。そして、新しい運動の担い手の、さわやかなメッセージ。いずれも、〈安倍政権の時代〉と格闘する知と情と力が生み出した、生命力を宿す言葉です。編集部一同、時代を拓くすべての人びとに確かな伝言をお届けできると自負しています。

編集にあたって、片桐資喜《しき》さん撮影のインタビュー写真を転載させていただきました。出版にさいしては、新日本出版社の田所稔さんにたいへんお世話になりました。なによりも、快くインタビューに応じ、本書の出版をお許しくださったみなさん、金子兜太さん・菅原文太さんのご遺族に、心より感謝いたします。

２０１８年6月　全国革新懇

「全国革新懇ニュース」編集部

目次

はじめに——3

お行儀よくてはたたかえない
佐高 信　評論家
15

沖縄を「平和の要石」に
鳩山 友紀夫　東アジア共同体研究所理事長・元内閣総理大臣
20

原発ゼロの社会は実現する
吉原 毅　城南信用金庫顧問
25

9条は絶対に変えさせない
香山 リカ　精神科医
30

個人の尊厳へ導く教育を
前川 喜平 文部科学省前事務次官
35

「市民連合」の力と論理
廣渡 清吾 市民連合よびかけ人
40

「ポスト真実」を打ち破れ
津田 大介 ジャーナリスト
45
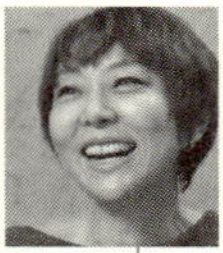
早く安倍さん倒しましょうよ
室井 佑月 作家
50

なぜ私は質問を続けるのか
望月 衣塑子 東京新聞社会部記者
55

多喜二の時代に逆戻りさせない
山田 火砂子 映画『母』監督 83

自由な選挙は民主主義の土台
片木 淳 元自治省選挙部長・早稲田大学教授 87

僕らの望む社会を描こう
藤田孝典 ソーシャルワーカー 92

「新時代」をつくる言葉の力
藤原 辰史 自由と平和のための京大有志の会・発起人 97

【寄稿】沖縄はだまっていろ!? 泣きをみろ!?
池田 香代子 翻訳家 102

インタビュー集
時代を拓くあなたへ
50人の伝言

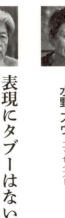

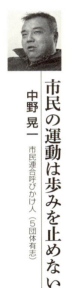

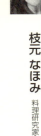

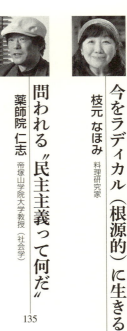

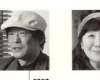

インタビュー集

時代を拓くあなたへ
50人の伝言

誰の子どもも殺させない　西郷 南海子　「安保関連法に反対するママの会」発起人　152

戦争法案を絶対阻止しよう　福山 真劫　フォーラム平和・人権・環境代表　156

安倍政権に〝ハチの襲来〟を　堤 未果　ジャーナリスト　160

「ネバー　ギブアップ！」　坪井 直　日本原水爆被害者団体協議会代表委員　164

安倍首相は〝憲法ドロボー〟になった　小林 節　憲法学者　169

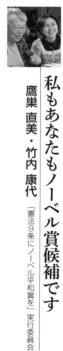

沖縄のたたかいが教えてくれるもの
三上 智恵 映画『標的の村』監督・ジャーナリスト
196

いくさやめよ
高橋 克彦 作家
200

若い人たちよ立ち上がれ
菅原 文太 農業生産法人代表・いのちの党代表
204

【寄稿】表象としての一葉
菅原 文子 竜土自然農園 おひさまの里取締役
208

〝ＮＨＫの危機〟——民主主義が問われている
池田 恵理子 元ＮＨＫディレクター
212

インタビュー集

時代を拓くあなたへ

50人の伝言

〝オール沖縄〟は崩れない
仲里 利信　元沖縄県議会議長
216

原発問題の根底に〝経済成長至上主義〟
斎藤 貴男　ジャーナリスト
221

これからが問われる新聞
日比野 敏陽　新聞労連委員長
225

共生と連帯こそ社会を変える力
内田 樹　神戸女学院大名誉教授・武道家
229

原発ゼロ　声あげつづけ
ミサオ・レッドウルフ　「首都圏反原発連合」
233

写真撮影｜片桐資喜
日比野さん写真は熊倉綾子
ミサオさん写真は本人提供

お行儀よくてはたたかえない
安倍を引きずり降ろせ

評論家
佐高 信さん
さたか・まこと
1945年、山形県酒田市生まれ。慶應義塾大学法学部卒業後、高校教師、経済誌編集長を経て評論家となる。『週刊金曜日』編集委員。著書に『わが筆禍史』、『安倍「日本会議」政権と共犯者たち』(河出書房新社)、『自民党と創価学会』(集英社新書)、『上品の壁―人間の器と奥行き』(七つ森書館)など多数。

権力の暴走をタブー無く批判し続ける佐高信さん。ご自身が編集委員を務める『週刊金曜日』編集部を訪ね、お会いしました。〝闘う評論家〟の鋭い言葉と、一転ユーモアを交える満面の笑顔に引き込まれました。（聞き手　大谷智也）

安倍独裁政治は、小選挙区制の弊害の極みでしょう。同時に、公明党・創価学会が自民党を腐敗させています。自民党のブレーキ役といいながら、完全なアクセルになっている。昔の自民党にはリベラルがいましたよ。たまたま私と同郷の加藤紘一（元幹事長）は、様ざまな攻撃を受けても反戦平和の立場を貫いた。立派な政治家でしたよ。公明党は「平和の党」を自称するのなら、野党になって戦争法を廃止にしなきゃならないんだ。だから私は集会でいつもこういうの。「公明党、お前たちは安倍と心中するのか。自民党に天罰を、公明党に仏罰を」

官僚を動かすのは国民だ

前川喜平さんのような人がいる一方、「佐川証人喚問」みたいなことも起きるわけです。前川さんの人格と勇気へ拍手が起こる状況には救いを感じるけど、官僚全般に〝前川さん〟を期待するのは無理ですよ。まともな官僚は2割いれば良い方で、どうしようもないのが2割。残りの6割をどっちに動かすかが政治であり、国民の大事な役割です。

1998年に発覚した大蔵官僚の「接待汚職事件」で三塚博大蔵大臣は辞任しました。森友公文書改ざんはそれ以上の大問題ですからね。最低でも麻生（太郎・財務大臣）が辞めるのは当然です。「佐川が全部やった」が本当ならば、その佐川（宣寿《のぶひさ》・前国税庁長官）にあれほどデタラメやられる麻生はとんでもないアホウなわけで、それだけでも大臣失格ですよ。

アジア外交で孤立している安倍（晋三・首相）は、拉致問題を「売り物」にして成り上がった政治家です。臆病な安倍は、小泉純一郎（元首相）のように北朝鮮へ乗り込むことができない。拉致問題解決に「政治生命をかける」というなら、まず自分が行けと。そして解決するまで帰ってくるなといいたいね。

運動に巻き込む言葉を持つ

全国市民アクション3000万署名の呼びかけに私も参加しました。この間、市民運動は確実に鍛えられていますよ。同時に、「9条に手を付けてはダメ」だけでは伝わらない、自民党支持者や「自衛隊ありがとう」などという人たちをもこの運動に巻き込む「言葉」を私たちはもっと持ちたいですね。

77年、横浜市の子ども2人と母親を死なせた米軍機墜落事件で、自衛隊はなにをしたか。市民ではなく事故を起こした米軍兵士を真っ先に病院に搬送したじゃないですか。元統合幕僚会議議長の栗栖《くりす》弘臣《ひろおみ》は自著で明言しています。「国民の生命と財産を守るのは武装集団たる自衛隊の任務ではない」

佐高　信

と。じゃあ何を守るのか。昔風にいえば国体ですよ。安倍が「我が軍」と口滑らせたのは本音なんだ。「俺の軍隊」なんだから。こういう事例を示しながら9条の先見性を伝え、「自衛隊を合憲に」なる欺《ぎ》瞞《まん》を暴いていく必要があります。

連合指導部はとんでもないですよ。市民と野党の共闘を推進する加盟組合もあるんだから、せめて邪魔はしないでもらいたいね。

楽な思いさせてたまるか

岸井成格《しげただ》（毎日新聞元主筆）とは、大学のゼミが同じでハタチからの付き合いです。保守本流の岸井とは、しょっちゅうケンカしてましたよ。その岸井も、秘密保護法や戦争法を真っ向批判して、安倍の目障りになった。ジャーナリストはケンカする覚悟をもっと持ってもらいたいね。新聞記者っていうのは組織に属しても本来一匹狼であるべきですよ。でないと権力者の卑劣さと闘えないんですよ。だからあんまりお行儀よくするなよと、怯《ひる》むなよと。麻生ごときに「日本の新聞のレベルはこんなもんか」といわれたんでしょう。もうカンカンに怒って麻生批判の特別版くらい出さなきゃダメですよ。

2008年に亡くなった筑紫哲也さんは、『週刊金曜日』の編集委員を最後まで辞めませんでした。岸井以上に叩かれていたけどね、それでも辞めなかった。私より10歳年上の筑紫さんは、教科書を黒塗りさせられた世代ですよ。性根、据わってましたよ。

『週刊金曜日』の名付け親である久野《くの》収《おさむ》先生は、生涯現役でした。天皇制批判をやって脅迫を受けても、「腹が立ってボケておれん」という人で。88歳で亡くなるまでがんばった久野収に恥じない生き方をしたいですね。私が権力を追及するのは正義感ではなくて、安倍みたいなとんでもないやつらに、楽な思いさせてたまるかって思いですよ。

私、昭和20年1月生まれでね、落合恵子（作家）は4日早生まれの〝姉さん〟なの。吉永小百合（女優）は同年3月生まれでね。やっぱりこの世代は、憲法と一緒に育ってきたんですよ。その憲法を変えずに次の世代へ手渡したいって思いがありますよ。

「朝まで生テレビ！」（テレビ朝日系）に出た時にね、視聴者から「佐高はまだ生きてたのか」って投稿があったの。冗談じゃないですよ。少なくとも安倍を引きずり降ろさない限り死ねないわね。安倍のままじゃ死ねないですよ。若い人に悪いよ、それは。

（2018年5月号）

佐高　信

「東アジア共同体」めざして——沖縄を「平和の要石」に

東アジア共同体研究所理事長・元内閣総理大臣

鳩山 友紀夫さん

はとやま・ゆきお

1947年、東京都生まれ。東京大学工学部卒業、スタンフォード大学工学部博士課程修了。東京工業大学助手、専修大学助教授を務める。86年、衆院旧北海道4区（現9区）から初当選。93年、自民党を離党、新党さきがけ結党に参加。96年、民主党を結党、代表に。98年、4党で（新）民主党を結党。2009年、第93代内閣総理大臣に就任。12年、政界を引退。13年、東アジア共同体研究所を設立、理事長に就任。同年、「友愛」の理念を広めるため「由紀夫」から「友紀夫」に改名。

総理大臣から行動する市民へ。鳩山友紀夫さん。平和を願って「東アジア共同体」づくりの運動を興し、安倍政治を批判する鳩山さんが、その思いを語りました。（聞き手　卯城公啓）

安倍政権のもとで、国家の基本、民主主義の基本が崩壊しています。官邸の圧力を恐れる官僚が、総理の意向を忖度《そんたく》して「森友」の国会提出文書を改ざんするなど、日本の統治そのものにかかわる大問題です。国民のみなさんがそれを感じ取っておられるから、政権への批判も厳しい。

安倍首相の発想の貧困

私も安倍総理も、祖父が元総理です。私の場合、祖父の鳩山一郎から「友愛思想」という思想的バックグラウンドをもらい、ありがたく思っています。しかし、私の自己批判も込めていいますと、政治家が父や祖父の威光を借りて、あるいはそれ以上の存在になろうとして爪先立って歩くとき、国民を忘れる結果に陥りやすい。安倍総理も、おじいちゃんの岸信介元総理を超えようなどと思わない方がいい。とくに、岸さんが果たせなかった憲法「改正」。望ましい国のあり方を議論し尽くして憲法がどうあらねばならないかを考えるべきなのに、安倍さんの場合、とにかく憲法を変えたい。それが目的化している。発想が貧困ですね。

「9条」と「戦争責任」

鳩山一郎が心酔していた「友愛」は、自己の自由と尊厳を尊重すると同時に他者の自由と尊厳を尊重する思想です。ヨーロッパでは欧州共同体(EU)の原点となりました。EUが〝ヨーロッパを二度と戦争のない地域に〟との願いから出発して結成されたように、私は東アジアも、政体の違う国が集まる東アジアだからこそ、二度と戦争の起きない平和共同体にしたい。

そのために、どのように信頼を深めていくか。対話の積み重ねが必要です。対話の場をつくることが結論を出すよりまずは大事だ、という場面もあります。最近の北朝鮮をめぐる南北首脳会談、米朝首脳会談への動きがそうだと思います。

共同体をめざすうえで、かつてアジアを侵略した日本の役割は大きい。戦争放棄を約束した憲法9条を、安倍首相がもくろむように変えようとすれば、周辺諸国から〝変えられてはたまらない〟という声があがるでしょう。戦争責任もあいまいにできません。

しかし、日本軍「慰安婦」に関する15年の日韓合意でも日本政府は上から目線でしたね。〝謝ったぞ、金も払った、もういいだろう、蒸し返すなよ〟——。傷つけた側がこれでは、韓国の国民は納得しません。傷つけた側は、謝罪の気持ちを持ち続け表し続けることが大事で、相手の方から〝それ以上謝らなくていいよ、わかったよ〟といってくれるときを待つしかないのです。

「万国の津梁」をふたたび

私は、東アジア共同体の拠点に沖縄を考えています。東アジア議会のような対話と協力の場が創設されれば、沖縄に置きたい。

私が総理を辞めたいちばんの理由は、沖縄のみなさんの期待に応えられなかったことです。普天間基地の移設は〝最低でも県外〟といっておきながら、県内の辺野古に戻してしまった。だからこそ、私自身の実力不足をおわびしながら、総理のときはできなかったけれどなんとか〝最低でも県外〟を実現させるため、沖縄に寄り添おうとしています。いまは、どこよりも私を温かく迎えてくださるのが沖縄ですね。

ただ、「沖縄を共同体の拠点に」という構想は私の個人的な感情からでたのではない。沖縄は琉球王国の時代、武器を持たずに貿易で栄え、世界の懸け橋の役割を果たしていました。「万国の津梁《しんりょう》」です。いまは「軍事力の要石」の役割を負わされている沖縄を、再び万国の津梁として「平和の要石」に変えよう。これが私の考えです。

避けられない現実

残念ながら、東アジア共同体づくりを日本の政治の舞台にのせるのは簡単ではありません。共産党の志位委員長などがいちばん理解されているのかもしれませんが、野党の中でもまだまだです。しかし、中国の習近平主席も「東アジア共同体」に言及されていますし、韓国の政府内からも構想がでている。ＡＳＥＡＮ（東南アジア諸国連合）は、すでに共同体をつくっています。

東アジア共同体は、避けられない方向としていずれ起きてくる現実です。どの党であっても、政治家のみなさんが早くその現実に気づき、行動されるよう期待しています。武力では平和はつくれないのですから。

（２０１８年４月号）

原発ゼロの社会は実現する

城南信用金庫顧問

吉原 毅さん

よしわら・つよし

1955年、東京都生まれ。77年、慶應義塾大学経済学部卒業、同年城南信用金庫入職。2010年、理事長就任。協同組織としての原点回帰の方針を打ち出し、理事長の年収の減額、理事長・会長の通算任期を最長4年、定年を60歳とするなど改革した。東日本大震災以降、被災地支援を精力的に行うと同時に、「脱原発」を宣言し、各地、各メディアで発言・活動を行う。17年、小泉純一郎元首相らとともに、原発ゼロ・自然エネルギー推進連盟を発足、会長就任。著書に『信用金庫の力―人をつなぐ、地域を守る』(岩波ブックレット)、『原発ゼロで日本経済は再生する』(角川oneテーマ21)など。

全ての原発を即時廃止に――。原発ゼロ・自然エネルギー推進連盟（原自連）が発表した「原発ゼロ・自然エネルギー基本法案」に注目が集まります。同連盟会長の吉原毅さんは、福島原発事故直後に信用金庫理事長として「脱原発」を宣言。「金融機関として異例」といわれながらも声を上げ続ける思いをお聞きしました。（聞き手　大谷智也）

福島第一原発事故の直後、政府、経産省、経団連に連なる大企業、御用学会、マスコミは「原発を止めるな」という大キャンペーンを張りました。「事故は想定外であり仕方がなかった、再稼働する」――。事故原因さえ究明されないうちから、再稼働ありきの信じられない言動が出始めたのです。「なんだこれは」と、心底ぞっとしました。原発をめぐる利権構造が明らかになるもと、自分の責任さえ問われなければなにをやってもいいのかと、憤りとともに、では、われわれ信用金庫は何をすべきなのかを真剣に考えました。

銀行に成り下がるな

私が城南信用金庫の理事長に就任したのは震災の5カ月前です。その際私は、信用金庫の原点への回帰を宣言しました。新自由主義のもと、大企業も銀行も市場経済に翻弄《ほんろう》されるようになりました。人と人との連帯が失われ、自分さえよければと人間性が矮小《わいしょう》化されてしまった。お金ではなく人を大事にする、協同組織である信用金庫の基本的精神を取り戻そうと考えていた矢先、震災・原発事故が起こりました。

一瞬の事故で故郷を奪われた人たちは、どんな思いか。私は、衝撃を受けました。

城南信用金庫は、事故後直ちに東京電力との電気契約を解約しました。金融機関には、「公共的でない反社会勢力と取引してはならない」という基本原則があります。東電に公共性はあるのか、まったくない。社会に好ましくない原発を依然推進しようとする企業は、大企業といえども反社会的存在です。取引はできません。当庫が保有していた東電の株式、社債は一瞬にして売却しました。

健全な未来をつくることが金融機関の仕事です。みんなが幸せな未来をつくるのが私たちの理念です。それにつながらない企業を応援してはならない。東電に融資している大銀行は「それをいってくれるな」と、沈黙してしまった。本音では分かっているはずが、お金という膨大な圧力によって黙ってしまう。お金によって正論を引っ込めていいのか。私が若いころ、城南信用金庫会長だった小原《おばら》鐵《てつ》五郎《ごろう》にいわれた言葉が去来するのです。「利益を目的にするな、銀行に成り下がるな」。

吉原　毅

世界のなかで日本は

原自連が発表した「基本法案」への各党の反応に手ごたえを感じています。政党間で討論が交わされ、国会で議論されることが大事だと思います。同時に国民一人ひとりが、この国のあるべきエネルギー政策や経済発展とはなんだろうか、と考えるきっかけになってくれるとうれしいですね。

現在、世界には380基の原発がありますが、自然エネルギーの発電量は、原発一千基分に達し、なお増加しています。世界が急速にエネルギー政策を転換しているなか、日本だけが原発に固執している。「原発ゼロは経済を停滞させる」というデマはいい加減にしてもらいたい。自然エネルギーの推進で、輸入燃料費の削減、設備投資の増加、農地での発電、売電などで日本経済は大きく発展するのです。

東芝の会計不正問題は、欧米が不要とした原発事業を掴《つか》まされ、のめり込んだがため起こりました。日本政府も大企業も、原発を手放す世界の流れに翻弄されているのです。にもかかわらず、安倍政権は原発推進、海外輸出を推し進めています。このツケに国民の税金が使われるのです。どこまで国民を馬鹿にするのか。安倍首相は欧米の大企業の代弁者としての発言が多い。TPP推進、「働き方改革」、「一億総活躍社会」……。結局、欧米の大企業、日本の一部の大企業、株主の利益のみを追求しています。安倍首相の政治は、選挙ではまったくいわない本音を、議論をしないで数の力で実現していく。これは議会制民主主義の破壊で、非常に危機感を持ちます。この政治手法を絶対に許してはいけません。

間違ったことは続かない

「原発をゼロにするまで、私は死んでも死にきれない」。大学の恩師、加藤寛先生が2013年に逝去された時、遺した言葉が忘れられません。

目の前にあってほしくない米軍基地を沖縄へ追いやり、地方で原発を稼働して安穏としようとする。そんな社会でいいのでしょうか。それでは共感性や思いやりが無さすぎるでしょう。同じ国民、同じ人間ではないですか。外国軍の基地を、地元の反対を押し切り、美しい海をつぶして勝手に造っていいはずがないのです。これでも「日本を守る保守」といえるのでしょうか。

あの日から、7年が経ちました。あきらめる必要などどこにもないのです。間違ったことは続くはずがありません。原発ゼロの実現に、私は全力をあげますよ。正しいことは必ず実現するという信念を持って。

（2018年3月号）

吉原　毅

9条は絶対変えさせない　3000万署名をやりぬきましょう

精神科医

香山 リカさん

かやま・りか

1960年、北海道生まれ。東京医科大学卒。精神科医、立教大学現代心理学部教授。豊富な臨床経験を生かし、現代人の心の問題を中心に様々なメディアで発言を続ける。『リベラルですが、何か？』（イースト新書）、『「いじめ」や「差別」をなくすためにできること』（ちくまプリマー新書）など著書多数。

改憲派が3分の2の議席を占めていても、もう遅い、負けたなどと私はけっして思いません。何度立ち上がればいいのか、ではなく「今」立ち上がることに大きな意味があるのです。この思いから、私は「安倍9条改憲NO！全国市民アクション」のよびかけに参加しました。

メディア、芸能関係者のなかにも「憲法を変えるのは反対だ」というひとは私の周りにたくさんいます。財界のひとたちも改憲の動きにうんざりしていますよ。東アジアの問題でも、「平和でないと日本の経済もダメじゃないか」と。表だって見えにくいけれど「実は私も声をあげたい」という思いはうごめいていて、立ち上がる市民の姿に勇気をもらっているのです。3000万署名でこの思いを集めきれば、うごめきは地殻変動を起こし、改憲の流れを一変させますよ。

憲法を繰り返し話す

私にとって、憲法は体の一部です。小中学生のとき、教師はみんな戦争体験者でした。旧満州（中国東北部）から引き揚げてきた社会科の先生は、戦争の悲惨さ、平和と憲法の大切さをなにかにつけて話しました。私たち生徒が「またその話か…」という顔をしても、繰り返し話すんです。こういう教師に囲まれていましたから、憲法の恒久性や国民主権は当たり前のこととして、子どもの頃から私のベースになりました。

医師になってからの10年ほどは、仕事に追われるなかで、憲法をめぐる状況に関心を向けませんでした。それだけ憲法は当然の存在でしたから。だから1990年代初頭に「改憲賛成の世論が5割を超えた」と報じられたとき、本当にびっくりしたんです。いったいなにが起きているのか、私はこの10年なにを見てきたんだと強烈に思いました。講演に呼ばれても、「もう、聞き飽きたろう」と憲法や人権という言葉を言い換えたり、あまり大切にしなかった時期もあって、反省しました。私ひとりが反省してどうということでもないのですが、「またその話か」とうんざりされても、私は繰り返し話し続けなくてはいけなかったのです。

私の仕事を馬鹿にするな

『朝まで生テレビ!』(テレビ朝日系)で姜尚中《カンサンジュン》さんや私が、憲法は大事と主張したとき、あるコメンテーターが「だから平和主義者は困るよ」という言葉を投げてきました。収録後、姜さんがしみじみ「香山さん、平和主義っていまや侮蔑語になってしまったんですね」と言われたことが忘れられないです。

私は、ひとの命を守る仕事をしている人間として戦争に反対しています。戦争は戦闘行為に限りません。ナチスが精神科の患者をガス室へ送ったように、医師も虐殺に加担する。学者もメディアも加担する。戦争はひとの健康な心を奪います。戦争ほど健康を害するものはない。私が戦争反対を訴えるのは政治的な主義主張ではなくて、「私の仕事を馬鹿にするな」という職業意識なんです。

北海道小樽市で育った私は、同郷の小林多喜二のことは小学生の時から知っています。地元の偉人として必ず授業に出るんですね。拷問の果て殺された多喜二の最期を知り、「自分が思っていることを書いて殺されるなんて、そんな恐ろしい時代があったのか」という思いが痛烈に迫りました。共謀罪法を阻止しようと、戦争法の時と同様に、私も国会前や日比谷の反対集会、パレードに何度も参加しました。治安維持法と同じことを繰り返させては多喜二に申し訳ないという気持ちになったんです。人間の内心は、最後まで死守すべき究極の自由です。心を他者へは手渡せません。まして心を取り締まることなど許されないことです。

共謀罪法も戦争法も廃止を訴えつつ、使わせないことも大事です。そして安倍政権は簡単には使えません。それは、あれだけの反対運動があり、いまもその声が全国で上がり続けているからです。そう考えると、3000万人の署名がどれだけ安倍政権への重圧になるか。改憲発議などとてもできないでしょう。

目標は、はっきりしている

香山リカ

総選挙直前に分断を持ち込まれた市民と野党の共闘は、しかし崩れませんでした。私の知っている地域でも、様ざまな葛藤や困難、ドラマがありました。けれど共闘に亀裂は走らなかった。この間の市民と野党の共闘を経験していくなかで、市民が互いを尊重し合い、運動が成熟していることに希望を持っています。

人間にとっての恐怖とか不安は、何が恐怖か分からないことが一番恐ろしいのです。けれど私たちは相手が分かっているじゃないですか。目標もはっきりしています。９条は絶対に変えさせない、この一点の共同で３０００万署名をやりぬき、安倍政権の終わりを一緒に見ましょうよ。（聞き手　大谷智也）

（２０１８年2月号）

私は求め続ける 個人の尊厳へ導く教育を

文部科学省前事務次官

前川 喜平さん

まえかわ・きへい

1955年、奈良県生まれ。東京大学法学部卒業。79年、文部省（当時）入省。大臣官房総括審議官、官房長、初等中等教育局長、文部科学審議官などを経て、2016年、文部科学事務次官に就任。17年、退官。同年5月、加計学園による獣医学部新設は「総理のご意向」だとする文書の存在を証言。政府の権力私物化を告発、批判している。現在、自主夜間中学のスタッフとして活動。近著に、寺脇研氏との共著『これからの日本、これからの教育』（ちくま新書）。

「あったことを、なかったことにはできない」――。安倍政権の国政と行政の私物化を告発した文科省前事務次官は、いま自主夜間中学で勉強を教えています。いったいどんな方でしょうか。お会いしてきました。（聞き手　大谷智也）

ちょっと喋《しゃべ》りすぎじゃないかと思っている人もいるでしょうね（笑）。けれどもう役人ではないですから。娑婆《しゃば》に出たという感じで、表現の自由を１００％謳歌《おうか》しています。

加計学園獣医学部の認可は日本の民主主義にとって非常に危険なことです。認可されたことでケリが付いた、とは絶対になりません。安倍総理は逃げ回っているとしか見えない。「丁寧な説明」どころか、正直な説明ができないのです。強行解散、野党の質問時間縮小などで追及の場を作らせず、国民の忘却を待っています。行政を私物化した責任は国会が、メディアが、国民が声をあげて追及しなければなりません。

人類が手にした日本国憲法

日本国憲法は、１９４７年施行の段階で、人類が手にした一番進んだ憲法だと思っています。97条は「この憲法が保障する人権は、人類の多年の努力の成果」といっています。日本人とはいっていない。人権やデモクラシーは地球規模、人類全体として築き上げてきたもので、いまなお未完成です。

私は「戦争を知らない子どもたち」の世代ですが、あの戦争を経験した人たちが憲法を心の底から歓迎した、その時の気持ちをさらに次の世代に引き継いでいかなければと思います。改憲派は「アメリカの押し付け憲法だ」といいますが、アメリカの憲法より先進的です。現実が憲法に追いついていないのです。

「国家」を超えない「道徳」

憲法が保障する生存権、学習権、団結権などの根っこは、13条の個人の尊厳です。ひとりひとりが尊い存在です。思想信条、婚姻の自由、結婚しない自由もある。個人の尊厳を考えた時、絶対に戦争をしてはいけない。戦争がどれだけ個人の尊厳を踏みにじるか。

戦争を起こす政府を許してはなりません。堪《たま》らず、私も安保法制反対で国会前にかけつけ、ＳＥＡＬＤｓ（シールズ）のコールに合わせ、声をあげました。９条を持つ日本が、他国の主権を侵し続けるアメリカと一緒に戦争するなど絶対に認められません。

憲法と教育は、お互いを支え合う関係です。憲法が学問の自由と学習権を保障し、憲法の精神に則《のっと》った教育によって憲法の理想が実現されるからです。

真理は学問の自由の中からしか見いだされません。多数決では決められない。いま、南京事件不存在説を信じる政治家が増えていますが、そういう政治家による多数決で「南京事件はなかった」とする教育にしていいはずがありません。

文科省が『私たちの道徳』（２０１４年）を作成した時、私は担当局長でしたが、圧倒的に不満な内容です。この冊子は「家族や国を愛する心」を説きます。しかし国家を超えないのです。世界を愛し、地球をつくる同じ人類、という言葉が出てこない。国境を超えた人間と人間のつながりが大事でしょう。その視点がまったくありません。家族国家観の導入を大臣から命令されるのなら、「面従腹背」でせめて対抗したい。自由の価値をしっかりと書き込むよう担当課に指示しました。しかし実際にはまったく入らず「自由はわがままや自分勝手ではありません」と自己抑制ばかりを求めています。いまの学習指導要領は、父母や祖父母という直系親族を大事にしなさいといい、また生命の尊重を祖先や子孫という血統として説明しています。これは結局、教育勅語の考えで、日本国憲法からは出てこない考えです。憲法規範を大きくはみ出ています。

マイノリティはマジョリティ

義務教育はいまでも未完成です。様ざまな理由で、教育を受ける権利から置き去りにされてきた人たちがたくさんいるのに、文科省はほったらかしてきた。救うための大きな役割を果たしてきたのが夜間中学です。夜間中学のない地域で市民の努力により行われているのが自主夜間中学です。私も活動に参加していますが、ある時「飛」という字の書き順を訊《き》かれてあせりました。あとで『書き順アプリ』で調べたんです（笑）。

教育の実体は学校現場にしかない。統制ではなく、教職員がもっと自由に議論し、実践できるようにすることが大切です。その点では教職員組合の存在意義も問われているのではないでしょうか。

個人の尊厳に立脚するならば、多様性を認め合う社会でなければなりません。発達障害、不登校、LGBT……少数者といわれる人たちの割合を足していくと50％を超えます。マイノリティはマジョリティです。コンプレックスのある人もマイノリティといえます。私のコンプレックスは泳げないこと。水泳の授業で溺れかけ不登校になりました。周りの子は泳げるのに、自分だけ水に顔をつける練習です。相当な苦痛でした。自転車に乗れない、体型に劣等感を持つ子もいる。自分はここが周りと違うと、実は誰もが思っている。教師は、生徒はなんらかのマイノリティに属していると考えてほしい。そしてひとりひとりが、尊厳あるかけがえのない存在なんだと、導いてほしいですね。

（２０１７年12月・18年1月合併号）

いよいよ求められる「市民連合」の力と論理

市民連合よびかけ人

廣渡 清吾さん

ひろわたり・せいご

1945年生まれ。元日本学術会議会長。東京大学名誉教授。専門は、ドイツ法、比較法、法社会学。東京大学社会科学研究所教授、同大学副学長、専修大学法学部教授等を歴任。安全保障関連法に反対する学者の会発起人、安保法制の廃止と立憲主義の回復を求める市民連合よびかけ人。

「安保法制の廃止と立憲主義の回復を求める市民連合」は、２０１５年12月、安保法（戦争法）案の強行採決、成立を受けて、それに反対してきた広範な市民のたたかい、そこでつくられた相互のネットワークを土台につくられました。

市民連合は、個人参加の運動をベースにした反対運動に新しい共同の目標、安倍政権にかわる政権をつくって安保法制を廃止するという、バージョンアップした政治目標、全国的な目標を提起し、かつ立憲野党をつなぐ役割を果たしてきました。

市民連合の特徴

法案が成立させられても廃止を求める、そのためには国会で多数をとり、政権をかえることが必要になる、そのためには選挙にも参加する——これは運動の質的発展でしたが、実に自然な選択でした。実際、各界各分野、全国各地で多くの人びとに歓迎されました。

なぜなら安保法制は、単なる悪法のひとつというのでなく、憲法9条を完全に形骸化し、戦後日本社会を別なものにしてしまうという危機感が共有されていたからです。

市民連合は日本の歴史になかった新しい運動、組織ということができます。その特徴のひとつは、従来の市民運動のようにシングルイシューをかかげて運動する組織でなく、安倍政権の反立憲主義、反民主主義、反平和主義の政治に反対し、政権を取りかえるという要求をかかげていることです。

廣渡清吾

ふたつは、そのために市民が新しい政党をつくるのでなく、市民の力を接着剤にして、立憲野党との共闘、その上に立った連合政権を目指しているということにあります。

政党と市民の新しい関係

市民連合は、政党と市民の新しい関係を提起した、と考えています。これまでは、政党がメニューを提示し、それを市民、有権者が選択するという構図でした。政党に所属していない圧倒的な市民には、いわば受け身の選択しかない。これを変え、市民がメニューを提示し、政党に受け入れてもらう、しかも市民が政党間の接着剤の役割を担い、複数政党に受け入れてもらう、さらに市民と政党が相互に協議して内容を豊かに発展させていく。市民が要求を提示する、複数の政党との共闘である――ここに大きな意味があります。

日本の場合、欧米と異なり市民が政党に対して距離感を持つ政治風土があり、このなかで新党創設型ではなく「市民連合型」の市民運動が生まれたのだと思います。これは、市民が主権者として立ち上がることを促し、市民の政治参加を大きく広げ、その意味で憲法を市民が自らのものとして主体化する運動といえるでしょう。

日本の一強といわれる支配構造、そのもとでのメディア支配、また小選挙区制や法外な供託金など民意の反映をゆがめ、市民を政治から遠ざける選挙制度の下では、政権交代を目指す市民運動にとって、このような運動のあり方こそ合理的なものだと考えられます。

問われる力量と覚悟

廣渡清吾

今回の総選挙に際して、改憲勢力の希望の党の出現、民進党の同党への合流決定、それを拒否した旧民進党メンバーによる立憲民主党の結党という状況は、市民作成のメニューによる政党間の接着剤役の市民連合にとってひとつの応用問題でした。

共産党が市民と立憲野党の共同路線を堅持して立憲民主党を支援し、同党も市民連合の要請を受諾し、社民党を含めた立憲3党と市民連合の連携が継続することになりました。

自公が3分の2を確保した選挙後の情勢は、憲法9条改悪に反対する国民的大運動を要求しています。市民と立憲野党の共同の力をどう発揮するか、市民連合の役割は大きいと思います。

さらにいえば、今後、市民連合は大きな課題に挑戦しなければなりません。政権をかえるというバージョンアップした目標は、「9条を守る」という防御的な性格から、積極的ないわば攻撃的な性格を持つ運動への発展を求めています。この2つの目標の関係は、必然的な発展であり、それとして一体のものです。

市民運動が、立憲野党と共同してどのような政権構想を提示できるか、そこでは、市民の参加の視点が十分に活かされなければなりません。「9条を守る」という幅広い合意を保持しつつ、このバージョンアップした仕事をどう仕上げていくか、この運動は、そのための大きな力量と覚悟を問われていると思います。こうした問題意識を持ちながら、多様な市民の活動を積み重ね、「市民と立憲野党

の共闘」が目標に向けて発展してゆくことを心から希望しています。（聞き手　乾友行）

（2017年11月号）

安倍政治支える「ポスト真実」を打ち破れ

ジャーナリスト

津田 大介さん

つだ・だいすけ

1973年、東京都生まれ。早稲田大学社会科学部卒。メディア・アクティビスト。情報サイト「ポリタス」編集長。テレ朝チャンネル2「津田大介 日本にプラス＋」キャスター。J-WAVE「JAM THE WORLD」ナビゲーター。2017年8月「あいちトリエンナーレ2019」芸術監督就任。著書に『ウェブで政治を動かす！』（朝日新書）、『動員の革命』（中公新書ラクレ）など多数。近著に『「ポスト真実」の時代 「信じたいウソ」が「事実」に勝る世界をどう生き抜くか』（祥伝社）。

党利党略解散で、国政の私物化と憲法破壊が極まる安倍政治。ネットに溢れる「アベ応援団」――。安倍政治をめぐるメディア事情を、ネットメディアの第一人者、津田大介さんに聞きました。（聞き手　大谷智也）

僕はこれまで、ＳＮＳの動員力、それが政治に与える影響を比較的ポジティブな視点で提言してきました。しかし、スマホ、ツイッターの利用者が急増するなかで、予測以上にネガティブな側面が目立つようになった。人を排除してはばからない極端な人だけがネット社会で大きい顔をしている。意見の多様性が抑圧され、信じたい嘘が事実に勝る「ポスト真実」の時代を迎えています。

ネット上の「世論」

１４０字以内で投稿されるツイッターは局地的なことを速報で拡散するには向いています。だから信ぴょう性はともかく、強く短い言葉で「こうだ」と言い切る単純明快な情報がウケて、百田（尚樹・作家）さんなんていう人に支持が集まる。トランプ米大統領のツイッター政治も同じです。

自民党にはＪ－ＮＳＣというネット書き込み専門の応援部隊がありますが、自分たちの政策を支持するネットユーザーの姿が見えたとき、安保法制でも、共謀罪でも「慎重論のマスコミがネットで叩かれているのだから、ここは押し通せる」という判断が働きます。マスコミによる世論調査だけでなく、ネット上の支持も「世論」と受け止めそれを政治家が意識して振る舞うようになりました。ウェブで政治が動き過ぎている。僕もここまでのことは想像しなかったので、見通しが甘かったですね。

政治のモラルハザード

安倍さんの政治をひとことでいうなら、人事を握ってやりたいことを実現しようという政治です。NHK会長や法制局長官に、安倍さんに都合のいい「真実」を唱える人物を置くなんて政治のモラルハザードですよ。菅官房長官の口癖「問題ない」も「ポスト真実」ですね。沖縄での、機動隊員による「土人発言」は明らかな差別ですが、「差別用語ではないから問題ない」とわざわざ閣議決定する。そんなわけあるか、なにをやっているんだという話ですよ。嘘を堂々とついて、その嘘を肯定することが当たり前になっている。こうした政治の倫理崩壊が、沖縄への差別が自覚すらできない構造を固定化させてしまう。だから、ヘリパッド（＊）建設反対運動に参加する県民を「テロリストみたい」などと報じた「ニュース女子」（東京MXテレビ）のように歪《ゆが》んだ言説が本土で生まれるわけです。

沖縄の怒りは当然だ

翁長雄志《おながたけし》さんが当選した2014年の県知事選から沖縄現地の取材を始めました。それまで沖縄の歴史的な経緯を全然知らなかったことに恥ずかしさを覚えました。沖縄で起きていることを、本土でメディアの仕事をしている人間として伝えなければと思いました。

本土の多くの人は沖縄の歴史を知らない。知らないで沖縄についてモノをいう。１９５９年の宮森小学校米軍戦闘機の墜落事件、65年のトレーラー落下圧死事件……多くの県民が、子どもが死んでいるのです。この事実を肌身で知っている沖縄県民が新基地建設に、オスプレイ配備に怒り反対するのは当然のことです。

ネットの広告主は、事実を歪め名誉を棄損する情報の流布に手を貸している自覚を持つべきです。安倍さん支持でなくても保守思想にかぶれていなくても、単にそういう偏った情報や動画で広告収入を得ようとするネットユーザーが後を絶たない。広告事業者らが倫理を持つべきです。

事実は現地にある

意見の多様性を認め合い、民主的な政治の実現を考えたとき、いまの選挙制度は問題です。世界一高い供託金はゼロに近づけるべきだし、出馬時に離職しなければならないノーリターンルールもいらない。参入障壁でばかばかしい話です。選挙権同様、被選挙権も18歳まで下げるべきです。

安倍さんを支持している、特に若い人たちにいいたいのは、多様な情報源を確保してほしいということです。ネットは便利だけど、本を読むことを大事にしてほしい。効率をいうならネットで3時間調べるより、ひとつのテーマを書いた新書一冊を読む方が効率いいんですよ。そして現地へ行くこと。ネットにも本にも書かれていない事実が現地にはあります。そこで生きる住民と対話してほしい。沖縄へ観光に行くのなら、レンタカーでちょっと足を伸ばして基地の実態を見てほしい。福島も同じです。現地を知れば、帰還困難区域が解除された、高速道路、鉄道も開通して良かったね、とはいえないでしょう。

私たちひとりひとりが意識して、フィルターバブル（自分が見たい情報の中に孤立する）の壁を打ち破っていかない限り、安倍さんのような政治は何度も登場しますよ。

（２０１７年10月号）

＊ヘリパッド　ヘリコプター用の離着陸場。高江に6カ所建設し、辺野古新基地と一体に垂直離着陸機オスプレイの運用をねらっている。住民が07年から座り込み抗議を続けている。

津田大介

早く安倍さん倒しましょうよ

作家

室井 佑月さん

むろい・ゆづき

1970年、青森県生まれ。モデル、銀座・高級クラブホステスなどの職業を経て、97年、『小説新潮』主催「読者による『性の小説』」に入選。小説家、随筆家、タレントとして多岐にわたり活動。2015年、戦争法廃案を求める国会行動にたびたび参加しスピーチに立った。TBS系「ひるおび!」、「中居正広の金曜日のスマイルたちへ」、文化放送ラジオ「大竹まことゴールデンラジオ」でのレギュラー出演などラジオやテレビでコメンテーターを務める。著書に『熱帯植物園』(新潮社)、『血い花』(集英社)、『piss』(講談社)など。近著に『息子ってヤツは』(毎日新聞出版)。

私、安倍政権が大っ嫌いなんです。

共謀罪なんて許せないですよ。「オリンピックが開けない」なんて、たった2週間のお祭りのために、長い歴史をかけて確保した私たちの人権をなんで差し出さなきゃいけないの？　嘘ばっかりですよ。法案を説明できない金田さん、自衛隊の基本も知らない稲田さん……。内閣改造で少しはマシになってもらいたいものですが、菅官房長官など中核はそのままですから変わらないかな。河野太郎さんや野田聖子さんが入閣して、自民党のなかでの反安倍がトーンダウンしないか心配。しかし野田さんがあんな目立ちたがり屋とは思わなかったですね（笑）。

改憲なんてえらいこっちゃ

森友・加計問題は安倍政治の体質をぴったり表しています。血税で身分が保障される政治家や官僚は襟を正さなきゃいけないのに、お友達の儲《もう》けのためにルールを捻《ね》じ曲げる。最悪ですよ。歯向かう人は圧力と恐怖で締め付けてさ。

権力を持つ人間は、その力を振りかざすことに恥ずかしいと思わないと。安倍さんは恥を知らない。知性がないんですね。権力の私物化を恥と思わない人に改憲なんてされたらえらいこっちゃですよ。憲法は権力者を縛るためのものなのに、改憲なんてやったら憲法の意味が変わってしまう。安倍さんほど憲法を無視してなんとも思ってない人はいないいんじゃないかな。

室井佑月

立派な日本人っていわれたい

安倍さんたち、各国のリーダーがいう「グローバル化」って、99%の民衆が巨大資本のために奴隷《どれい》になれって話でしょ。移民排斥とか差別の温床にもなっていますよね。グローバル化って本来は悪い言葉じゃないと思う。私のなかでは、多様な民族と文化が長所と欠点を認め合い補いながら、国境が溶け合っていくイメージ。日本はもっとアメリカに堂々とモノいわないと。怒らせたっていいじゃない、対等にならなきゃ。

核兵器禁止条約に日本が参加しないなんて、すっごくみっともない。被爆国の日本が先ず手を挙げて核禁止のリーダー国になるべきでしょう。私は「野蛮なことはやめてくれ」って安倍さんに毅然《きぜん》と抗議します。だってその言葉が、私の息子、そのまた子どもに受け継がれていけば、私は死んでも死んだことにならないと思うわけ。だから被爆者の体験を聞いて受け継いでいくこと、9条を持ち続けることってすごく大事なんですよね。将来もっとグローバル化が進んだとき「おぉ、お前があの立派な日本人か」っていわれたいじゃないですか。

生き方と直結したものを書く

権力批判は物書きとして当たり前の仕事です。祖父も戦争反対の俳句を詠んで特高にボコボコにされるような人でした。批判しないメディアは〝今だけ、自分だけ〟って考え方なんでしょうね。戦時中に戦争画家や戦争賛美の物書きが売れたように、安倍政権を応援するオヤジたちは職業として応援している。テレビに出て、講演に呼ばれて本も売れて。それでお金たくさんもらって、見ていて恥ずかしいですよ。

読まれている数は私のほうが少ないけど、私は自分の生き方と直結しているものを書いているから。読んだ人の心が動くパーセンテージでは私のほうが多いと思いますよ。お金のためとか、もう超えていますから。

男女の違いをことさらいうわけじゃないけど、しいていえば、女は地位とか立ち位置を男の人ほど考えないんですよ。東京新聞の望月さん、「総理のご意向文書」の発信元といわれている文科省の課長補佐も、組織というより、自分が正しいと思うことをやっているように見える。男の人は組織のヒエラルキーでものごとを考えちゃうのかな。男の人みるとかわいそうになっちゃう。

野党共闘ブレないで

早く安倍さん倒しましょうよ。

安倍さんが登場してから私も忙しくて（笑）。ちょっと疲れちゃってるんですよね。だから安倍政権は一刻も早く終わらせないと。

日本ファーストなんて邪魔なのも出てくるんだから、民進党はぐずぐずしないでよ。野党共闘で共産党はブレてないでしょう。野党で票が分かれちゃうのはもったいないよ。いまいろんな地域で共闘

室井佑月

づくりをがんばっているみんな、あきらめなければ必ず勝ちますよ。次こそ勝つという気持ちを持ち続けましょう。いいこともわるいことも10年以上は続かないですから。（聞き手　大谷智也）

（2017年9月号）

なぜ私は菅官房長官への質問を続けるのか

東京新聞社会部記者

望月 衣塑子さん

もちづき・いそこ

1975年、東京都生まれ。慶應義塾大学法学部卒業後、東京・中日新聞に入社。千葉、神奈川、埼玉などの県警、東京地検特捜部、東京地裁・高裁など担当。経済部を経て社会部遊軍記者。軍学共同や武器輸出を主テーマに取材。加計学園問題を追及し、内閣記者会見で質問。著書に『武器輸出と日本企業』（角川新書）、共著に『武器輸出大国ニッポンでいいのか』（あけび出版）。

加計学園問題で注目された「総理のご意向」文書。それを「怪文書」として葬り去ろうとする菅官房長官に鋭く質問を続けて食い下がった東京新聞・社会部の望月衣塑子記者。この会見の翌日、世論の広がりに追い込まれた文科省は文書の再調査に乗り出しました。「私たちの知る権利を守るためにすい星のごとくあらわれた記者」（翻訳家・池田香代子さん）という評も。記者会見で望月さんが手をあげ続けた思いを知りたくてお会いしました。

（聞き手　乾友行）

「文書は確実に存在する」と会見で明らかにした前川さん（文科省前事務次官）に直接、くわしく話を聞きました。告発に踏み切った思いの深さを知りました。大変な苦しさを乗り越え、当事者としての勇気、決心を持って証言された。政治がこんなに歪《ゆが》められ、私物化されている疑惑があるのに放置されていいのか――、どうしても直接、菅さんに問いただしたい、という思いを強めました。菅さんを追及することで私が受けるかも知れないいやがらせなどにたじろいでどうするか、国民の「知る権利」のいわば代弁者として会見に臨むことができる記者が質問しなくて何が記者だ、と考えました。それとまあ、私にはネジが1本抜けて、空気が読めないところがあるからできたかもしれませんね（笑）。こんな質問を続ければ、周りにどんな影響があるか、どんないやがらせがあるか、など気にしていたら、できなかったでしょう。勿論、会見に出たら政権を敵に回すことにもなりかねないという

恐怖は、前川さんの話などから感じてはいましたが。

弱い側の人に寄り添う

新聞記者としては、権力側ではなく、弱い側にたっていたい。判断に迷ったときは、弱い側の人に寄り添って判断する、これを大切にしたいです。質問するときはそこに気持ち、怒りを載せたい。私の質問が反響を呼んだとすれば、安倍一強のもと、「こんなことがまかり通るのか」という不満や批判が国民のなかに鬱積《うっせき》していた、いわばそれを突破してゆく流れのひとつの表象になったかもしれませんね。東京新聞にもたくさんの激励メール、電話、手紙をいただき、有難く思っています。しかし、私がしなくてもいまの政治の流れの中で、他の誰かがいつか踏み出していたのではないかとは思います。

しみ込んだ平和の力

望月衣塑子

安倍さんがどういう日本をつくろうとしているのか。私は武器輸出問題を取材していますが、安倍さんのいう世界で重要な役割を果たす国というのは、自衛隊の海外派兵もおこなう、欧米列強などとならんで武器も輸出する、軍産複合体がのさばる国家のように思えるのです。これは、日本が9条を中心に戦争をしない国を目指した、現行の憲法のもとで歩んできた国とは方向が違う、平和をかかげてきた国家のあり方がゆらいでいるのではないか、と危惧しています。しかも学校ひとつ造ることにも「総理のご意向」がまかり通る社会になっている。民主主義国家なのか、問われているように思います。この道が本当に人びとに幸せをもたらすのか、現在の状況を伝え、国民へ警鐘を鳴らさなければならないと感じています。

取材していると、危険な事態の進行の反面、防衛企業、その幹部、働く人の間に、逡巡《しゅんじゅん》、迷いがあることがわかりました。安倍首相や防衛トップが笛ふけど踊らず、の状況が広くあります。大きな会場で準備される武器展示会もまったく盛り上がりませんし、やはり「死の商人」は企業イメージがよくない。海外軍事企業の幹部は「日本の企業にはまったくやる気が感じられない」と言っていました。ある関連企業の社長さんは「人を殺《あや》める兵器は作りたくないんだ」と話してくれました。こうしたところにも憲法9条がしみ込んでいるというか、戦後蓄積されてきた日本の平和の力があると感じました。しみ込んだ力というものは、そう簡単には崩せない。安倍首相が9条改憲を急いでいますが、それを阻止してゆく力もまた国民にはあるのではないか、と感じます。

民主主義を支える人たち

昨年（2016年）、東京・立川革新懇に招かれ、武器輸出問題の講演をしました。地域で社会や政治のことについて考え、地道に活動しているグループがあることに驚きました。この方たちが日本の民主主義を支えている、と私の方が励まされました。

多くの市民が声をあげて訴えたいことを伝え、みんなが権力に問いただしたいことを質問する、そういう記者であり続けたいと思います。

（2017年7・8月合併号）

望月衣塑子

〝居心地のいい奴隷〟にならないで「共謀罪」を止めましょう

作家

中島 京子さん

なかじま・きょうこ

1986年、東京女子大学卒業。編集者やフリーライターを経て2003年、『FUTON』(講談社)で小説家デビュー。10年、しだいに戦争に巻き込まれてゆく東京・山の手の中流家庭を「奥様」の秘めた恋を交えて描く『小さいおうち』(文藝春秋)で第143回直木賞受賞。ほかに『妻が椎茸だったころ』(講談社)、『かたづの！』(集英社)、『彼女に関する十二章』(中央公論新社)など。現在、毎日新聞コラム「時代の風」執筆。

いまなぜ「共謀罪」なのか、初めはさっぱり分からなかったのですが、京都大学の高山佳奈子さんがおっしゃっていたことに〝そうなのか〟と思いました。犯罪件数が減っているのに警察官の数が増えている。だから犯罪をつくって増やさなきゃいけない警察の事情があるのではないか、というのですね。そんな事情で犯罪がつくられては困りますが、やっぱり、「共謀罪」をつくって警察が捕まえたい人がいるのでしょう。

皮膚感覚で感じる怖さ

もし「共謀罪」ができたと想像すると、沖縄で基地建設に反対している人たちや反原発の人たちがまず狙われるのだろうな、と思います。〝ほーら、あの人たちはあんなことをするから捕まるのよ。悪い人たちだよ〟みたいな空気が形成され、捕まる人と捕まらない人が線引きされる。治安維持法のあった戦前も、〝共産党だから捕まるのよ〟という空気がつくられ、そのうち〝そういう本を持っているからよ〟などに広がって、最後は線引きも消えてスケッチブック持った「サザエさん」の作者まで捕まったわけですよね。

その怖さを皮膚感覚で感じます。いまの日本の空気はすでにひどいですから。私が小説『小さいおうち』を出版した2010年、『小さいおうち』の読者から「怖い」という声は聞きませんでした。私も、戦争の時代を能天気に書きすぎたかな、と思ったぐらいでした。山田洋次監督が映画化した2

014年、すっかり空気が変わっていて「いまの時代に似ていて怖い」という読者がふえました。

人間の心の複雑さ

いま、私はもはや戦争が始まったころのようだと感じています。ほんとうに大事なことはちっとも報道されない。「共謀罪」の国会審議をみれば大臣が答弁できない法案のおかしさがよく分かりますが、NHKニュースなどは政府側がきちんと答弁しているように編集しています。そうして、テロなどの恐怖におびえるより「共謀罪」も権力による監視もあった方がいい、という空気もつくられています。権力まかせ、〝居心地のよい奴隷《どれい》〟でいいや、という空気です。

社会を壊す監視社会

でも私は、想像力をはたらかせて「共謀罪はいやだ」というべきだと思いますね。「共謀罪」法案がテロ対策と関係ないことは、専門家の証言や国会審議で、もうはっきりしています。「共謀罪」は、人びとの内心の自由を侵し、監視社会にします。しかし、人間の心はものすごく複雑で、しゃくし定規になにかを当てはめられるものではないと思います。

話し合ったのが罪という「共謀罪」ですが、その人がどういうつもりで話していたのか分かりませんし、言葉と行動が違う場合も人間にはしばしばあります。なのに、〝こう思ったからこう話した〟と決めつけて捕まえる。人間の複雑さを理解していません。

監視社会でいえば、独裁政権だった旧東欧など、監視の中に生きる人びとが映画や文学に描かれていますが、監視国家では人びとの心に他人が信じられない疑心が芽生え、人間関係が壊れ、社会が壊れてゆきます。21世紀の日本がそんな社会になりっこないと思う人もいるでしょうが、いつでもどこでも起こりうることです。しかも私たちはいま、監視カメラに囲まれ、携帯電話やインターネットの通信も権力にあばかれかねない、高度な情報社会に生きているのですから。

空気は変えられる

私たちが〝居心地のよい奴隷でいいや〟と権力にまかせ始めると、権力者はどんどん増長します。私は、日本は民主主義国家だと思っていました。でも気がつけば、とんでもない国になっていました。このところ続くスキャンダルはなに？「森友」、「加計学園」……。権力の私物化ではないですか。イメルダ夫人の膨大な靴コレクションが話題になったフィリピンのマルコス政権みたい。友人を国政に関与させ便宜を図っていた韓国のパク・クネ政権にも通じる権力私物化です。

マルコス政権もパク・クネ政権も、国民の民主化運動で倒れました。権力の私物化があらわになるとき、政権の末期なのかもしれません。笑っちゃいますけど、日本でもいまの政権がなんでも閣議決定で正当化しようとする姿などをみると、なおさらそう思います。

時代の空気なんてものは、空気ですから確かなものではないですよね。だから変えられます。そのために、まずはどうしても「共謀罪」を止める。そうやって一つひとつ、自分たちの中に〝止めた〟

中島京子

〝やらせなかった〟という経験値を積み重ねてゆくことが大切ではないでしょうか。あきらめないで。

（2017年6月号）

（聞き手　卯城公啓）

米軍「思いやり」で本当に問われるもの

映画『ザ・思いやり』監督

リラン・バクレーさん

Leland Buckley

1964年、アメリカ・テキサス州生まれ。高校時代に来日、ホームステイ。日本文学を専攻、95年広島で被爆した天野文子さんの日記を英訳。英会話スクール経営、青山学院大学で英語講師。2015年、ドキュメンタリー映画『ザ・思いやり』を発表、話題を呼ぶ。第二弾～希望と行動編～を2017年6月に公開。

日本政府は毎年、いわゆる「思いやり予算」など在日米軍を支援する巨額の負担をしています（2017年度7916億円）。費目は米兵家族の生活支援から情報活動、軍事施設建設まで多岐多彩に及び、「日本は他国に金を払って自分をスパイさせている世界唯一の国」（国際政治学者チャルマーズ・ジョンソン）と揶揄《やゆ》されるありさまです。映画『ザ・思いやり』で日本の米軍基地支援を告発するリラン・バクレーさんに聞きました。（聞き手　乾友行）

映画『ザ・思いやり』を観た多くの方が、自分たちの税金がこんなにも多く在日米軍に使われているのかって、驚いています。それはそうでしょ、米軍兵士一人当たり1500万円ですから。自分たちは一所懸命に働いて税金を納め、高い家賃も光熱水料も支払っている。ところが米軍兵士は、自分たちの税金で、住宅が提供され、光熱水料もタダなんですから。米軍機騒音の補償さえ日本政府が、つまり日本国民が負担しているのです。

私が驚いたのは、池子米軍住宅（神奈川）のゴミ分別処理場です。米兵には分別の習慣がありません。このままでは逗子市の焼却場に持ち込めません。で、米兵を教育するのでなく、日本国民の税金で、分別処理場を建設し、日本国民の税金で分別作業員を雇用したのです。すごい「思いやり」ですね。

お金でなく、倫理の問題

いま沖縄・辺野古で米軍新基地建設が強行されていますが、これも日本国民の税金でおこなわれています。辺野古で抵抗する人に話を聞きました。「アメリカが自国の予算で基地をつくるならOKですか?」と。怒られました。「辺野古基地に反対しているのは、お金の問題でない。沖縄の米軍は、ベトナムで多くの住民を殺傷し、イラク・ファルージャで住民を虐殺した軍隊だ。戦争を仕掛ける基地は沖縄にいらないんだ」と。

そこなんです。私が『ザ・思いやり』で問いかけたいのは、単にお金の問題ではないのです。倫理の問題です。日本の基地を足場にして米軍が世界で何をおこなってきたのか、これからおこなおうとしているのか、いろんな国でどれだけ多くの子どもや女性、住民に被害を与えてきたか、歴史を、事実を知ってほしいのです。そして、こんなことを許していいのか、考えていただきたいのです。

楽しく対話を

多くの日本人は、「思いやり予算」の実態を知らないですし、米軍基地が日本を守るためにあると思い違いしています。だからまず、多くの人に事実を知ってもらうことだと思います。市民社会の真ん中にいる6割、7割の多くの人に知ってもらうためには、結論を先に押し付けず、事実を伝え、楽しく対話することが大切だと思います。だから『ザ・思いやり』も、そういう視点で、コミカルに仕上がるように工夫しました。

米軍基地はいらない、という私の映画づくりを聞き知った多くの人から「でもね、中国が……」と言われました。で、私は中国に一番近い、沖縄に行って聞きました。すると「中国が沖縄に攻めてくるなど考えられない。何を奪うの？ ヤギ？ パイナップル？ イモ？ 米軍の方が怖いよ」と答えました。このように出される疑問と向き合いながら、考えていきたいのです。逆に米軍基地があるから戦争に巻き込まれ、攻撃対象になるというのが私の考えです。そもそも憲法9条のある国に米軍基地があるって、おかしくないですか。

日本に駐留する米兵と話すとみんな日本が好きです。多くの米兵は、帰国しても、暮らしが大変で、まともな仕事もなく、教育も受けられず、医療保険も整っていない状況に投げ込まれます。「思いやり予算」も大変な額ですが、アメリカの軍事費はとてつもなく巨額です。「思いやり予算」を日本国民のために使うべきであると同じように、アメリカの軍事費をアメリカ国民のために回せばどれだけ素晴らしいアメリカ社会になるでしょうか。だから日本の庶民とアメリカの庶民は、戦争をしたがる政府や軍産複合体などと連帯してたたかう友達です。

日本人にしかできない仕事

ですが、米軍基地を日本からなくすことはアメリカ人にはできません。やはり日本国民の仕事でしょう。私は日本人を信頼しています。時間がかかっても、必ずやりとげる国民です。現実から一歩ずつ、よりいい日本、よりいいアメリカ、よりいい世界へ変えていきましょう、楽しくね。
（2017年5月号）

リラン・バクレー

書き続ける 発信し続ける
民主主義をメルトダウンさせないために

ジャーナリスト
青木 理さん
あおき・おさむ

1966年、長野県生まれ。慶應義塾大学卒。90年、共同通信社に入る。2006年に退社するまで社会部記者、ソウル特派員などを務める。『日本の公安警察』（講談社現代新書）、『青木理の抵抗の視線』（トランスビュー）、『日本会議の正体』（平凡社新書）、『安倍三代』（朝日新聞出版）など著書多数。テレビ朝日「羽鳥慎一モーニングショー」、ＴＢＳ「サンデーモーニング」などに出演。

「森友」疑惑は、安倍政権とその支持層の核となる人たちの本質を衝撃的に露見させました。幼稚園児に教え込んでいた教育勅語、軍歌、他民族やマイノリティーへのヘイトスピーチ……。こんなものが安倍政治の本音なのかと、分かりやすい形で示されたのですから。政権も支持者も、「国のため」とか「道徳」とか立派なことをいうわりに実際やっていることは破廉恥という薄っぺらさ、政治の劣化も明らかになりました。

日本会議を取材してきた実感では、森友学園の籠池泰典《かごいけやすのり》氏のような安倍支持者は特殊でもなんでもない。全国にいます。教育勅語を教える幼稚園も森友だけではない。日本会議は、沖縄の幼稚園が園児に教育勅語を唱和させている映像を誇らしくホームページに載せていました。現代語に訳した勅語ですが、森友の相似形ですね。

ではなぜ、もともと政治への志などなかった安倍晋三のような人が政界入りし、ちやほやされて右派のプリンスに育てられ、首相にのぼりつめたのか。なぜ、現実に憲法「改正」までめざす安倍政権が長続きしているのか—。政治家の世襲制、小選挙区制、対抗する野党のあり方など、「森友」疑惑は広く問題を投げかけていると思います。

不安につけこむ政権

10年ぐらいの単位で振り返ると、安倍首相の主張をうっとり聞くような人がふえているのも確かです。「自民族優越主義」「排外主義」といいますか。周辺国の発展・大国化と日本の国力の低下、少子高齢化などへの不安の裏返しで、焦燥感、危機感、他民族を敵視・蔑視する排外主義が広がっている。メディアもあおり、その広がりが許されている現実があります。20年前なら、教育勅語を賛美する大臣など、とっくに首が飛んでいたでしょう。

安倍政権は、国民の不安につけこみ、利用しています。共謀罪も「テロ防止」を口実にして、監視社会をつくる。しかし、ここで私たちは真剣に考える必要があります。日本社会に、「安心・安全のため」といわれるとプライバシーや言論・表現の自由、個人の尊厳を犠牲にしてもいい、監視社会も受け入れる、という傾向はないだろうか。

私は、他民族やマイノリティーへの差別を許し、お上や警察に任せておけば大丈夫という社会では、民主主義のメルトダウンを起こすと思います。

安倍首相がんばれ!?

今、メディアの役割はますます大きいですね。安倍政権のもとで萎縮、自粛していたテレビが、「森友」疑惑を連日くわしく報道しました。テレビは現金なところがあって、印象の強い映像で視聴率を稼げるとなると競って報じます。転機は、「安倍首相がんばれ！」「安保法案成立、よかったです」と園児が叫ぶ運動会の映像でした。あの映像を流して以後、報道すればするほど視聴率が上がるというので、安倍政権寄りのテレビ局も追いかけ始めました。

ただ、今回テレビ局を動かしたのは「視聴率」だけではない。番組の作り手たちも、〝いくらなんでもこれはグロテスクだよ〟〝安倍首相の支持者ってこんな人たちなのか〟と思いました。自粛ムードに少し風穴があいた感じです。

権力を監視する

しかし、メディアの全体状況は本当にひどい。「ノンポリ」の私のような者が、「左翼だ」「反日だ」「在日だ」と攻撃される有様です。メディアとジャーナリストは右とか左とか関係なく、物事を批判的に考え、権力の監視役であるべきです。これはごく当たり前の話ですが、当たり前のことが今、日本のメディアの世界で共有されていません。

トランプ米大統領に世界の首脳でただ一人媚びへつらう安倍首相の恥ずかしい訪米を、恥と思わず「100%の成果」とほめあげる、メディアもまた恥ずかしいですよ。

私は、中学生から高校生のころ、本多勝一さんや田英夫さん、共同通信の先輩記者の斎藤茂男さんたちのルポルタージュをむさぼり読み、ジャーナリストを志すようになりました。私も彼らのように、後に続く世代に引き継げる仕事ができればいいのですが。そのためにも、民主主義をメルトダウンさせないよう書き続け、発言し続けたいですね。（聞き手　卯城公啓）

（2017年4月号）

3・11まで総理大臣の名前も分からなかった
そんな私も政治を変えられる

市民連合みえ呼びかけ人・元SEALDs東海

岡 歩美さん

おか・あゆみ

1990年、三重県生まれ。元幼稚園教諭。東日本大震災をきっかけに政治に関心を持つようになる。2015年9月、SEALDs東海創設にかかわり、16年4月に市民連合みえを設立。

２０１５年7月15日、安保法制が衆議院で強行採決された日、私は初めて国会前に、ひとりで行きました。そこで目にしたＳＥＡＬＤｓの若者たちの姿は、ネットで見るスタイリッシュな感じと違い、汗だくになりながら声を嗄《か》らし、バイトだからちょっと抜けるわ、みたいな子もいる。特別ではない自分と変わらない普通の日常のなかで声をあげることを当たり前にやっているんだと気付きました。

私はそれまでデモに参加したことはなかったし、特にＳＥＡＬＤｓの活動に興味があったわけではなかったのですが、その姿をみて、声をあげていない自分が恥ずかしくなったんです。

国会へ　逃げている自分を打開

大学生の頃の私は、ニュースは見ないし、総理大臣の名前すら分かりませんでした。友達と遊ぶのが楽しくて、部活、サークル、飲み会の毎日。海外での戦争や政治の話はテレビの中の出来事で自分とは関係がないと思っていました。

社会へ目を向けるようになったきっかけは３・11です。震災の映像を見て、そこにいたのは自分かもしれないという想像力が初めて働きました。大学の友達と募金活動や被災地でのボランティアを１年くらいやるうち、復興を政治と切り離して考え、原発の問題に向き合っていない自分に疑問を持ち始めました。

仲間内では社会への危機感をしゃべれるけど、外に向けて言えないことが問題からの逃げに思えて

岡　歩美

きたんです。国会前へ行ったのは、そんな自分を打開したいという思いからでした。

辺野古　テントでの決意

大学生の頃、毎年沖縄でダイビングを楽しんでいました。当時は沖縄のキラキラした一面しか見えていませんでした。

原発の問題に関心をもったとき、沖縄の基地問題もやっと考えるようになったんですけど、現地に足を運ぶのは怖かった。なにも知らずに無関心で過ごしてきた自分が、沖縄の人たちの前に現れていいのか……。ＳＥＡＬＤｓの活動がきっかけで初めて辺野古へ行きましたが、私がここに居ていいのだろうかと、テントの中でも萎縮してしまって。でも、おじぃ、おばぁが「ここに来たらみんな家族だから」と手作りのおにぎりを振る舞ってくれたんです。その時、なにも知らないことを言い訳にして動かないままだったら、なにも変わらない、逃げずに向き合おうと決意しました。

高江に押し寄せていた５００人の機動隊員、彼らの多くが私と同世代ですよね。それがすごく複雑なんです。彼らとは対立する場面が多いし、暴力、暴言は許せないけれど、いったいこの人たちはなにを思ってここに立っているんだろうか。同じ世代を生きてきた彼らと自分の間にどんな違いがあるのか。沖縄の歴史、基地問題を正しく知らなければ、私もおなじような立場になり得るということがすごく怖い。問題に無関心でいることは、それだけで政府の暴走に加担していることだと強く思うんですね。

参院選　市民の政治参加の意味

安保法制をめぐるたたかいが政党主導だったら、あんなにみんながひとつになるのは難しかったと思います。ＳＥＡＬＤｓは、普通に生活を送る学生や市民が自分の思いを投影できる、一緒に行動できる器の役割になったのかなと思っています。あと、個人の言葉で語るっていうのも新しかったんじゃないかな。この経験が市民連合の活動でも生かされています。市民連合みえの呼びかけ人として初めて選挙に参加して、選挙は政党と候補者がやるものだと自分と切り離していたことに気づきました。市民は投票するだけと受け身になっていたんですよね。

三重県は、統一候補の芝博一さんも、当初「共闘はしない」と言っていた難しい選挙区でした。私は芝さんにわかってほしいことを応援演説に含めるようにしていました。「芝さんのためでも民進党のためでもなく、この選挙は私の生活に関わるから私自身のためにやっている」といつも話していたら、芝さんも、「この選挙は芝のための選挙ではありません」と言うようになったんだと思います（笑）。市民と接する芝さんの表情も変わってきました。最終演説では「25年間選挙を組織戦でやってきたが、今回は選挙自体が変わった、私も変わりました」と。

市民が応援することで候補者自身がどんどん変わっていく姿を見て、市民が政治に参加することの意味、私みたいななんでもない市民でも政治を変えることができると実感しました。

岡　歩美

総選挙へ　つながりを深めて

いま、総選挙に向けて自分たちにできることをみんな必死で考え、行動しています。全国で、参院選で生まれた市民同士や野党、候補者とのつながりが継続しています。小選挙区ごとの地域でも市民連合を立ち上げるなど、市民が自発的につながりを深めていこうとしていることが、ほんまにすごい。びっくりするくらいみんなエネルギッシュですよ。（聞き手　大谷智也）

（２０１７年3月号）

政府が辺野古の海に砂利を入れ、埋め立てたとしても沖縄人《うちなーんちゅ》の魂までを水底に沈めることはできない

琉球新報社長

富田 詢一さん

とみた・じゅんいち

1949年、宮古島市生まれ。早稲田大学卒。雑誌『話の特集』勤務を経て77年琉球新報社入社。運動部長、社会部長、事業局長、編集局長などを経て2010年から代表取締役社長。

〝本土で全国紙を読んでいても沖縄のことがわからない〟、とよく言われるようになりました。なぜでしょうか。「沖縄の2紙をつぶしてしまえ」と自民党本部での会合で作家の百田尚樹氏が発言（2015年）して大きな問題になったこともありました。〝沖縄〟を発信する沖縄の新聞が注目されています。琉球新報社長の富田詢一さんに聞きました。

（聞き手　乾友行）

「琉球新報」は──「沖縄タイムス」もそうだと思いますが──、民衆の立場に立って、県民の人権を守るというジャーナリズムの原点を貫いて、沖縄で何が起きているのか、事実を報じています。だから新聞として「当たり前」のことをしているという認識です。

こんな民主主義国家はありえない

もし本土の全国紙などと比べて、「反権力的」という印象が持たれているとしたら、戦後米軍の支配下で人権が蹂躙《じゅうりん》され続けてきたなかで、米軍と対峙しながら日々新聞を発行し続けてきた歴史があるからでしょう。支配者が米軍から日本政府に替わっただけで、米軍基地のありようや県民が虐げられる状況は変わっていないということです。

せめて世界一危険といわれる普天間基地を返還してくれ、という願いがそれほど無理なことでしょうか。日本国土の０・６％しかない沖縄に73・８％の米軍基地が集中しています。その０・４％を返還するだけですよ。なのに交換条件として辺野古の美しい海をつぶして新鋭基地を建設することを押し付ける。

政府は、オスプレイの墜落を不時着といい、事故原因の検証もないまま、飛行の再開を容認する。聞く耳を持たず、沖縄県民の理解を得ようという気がない。オスプレイの配備、高江でのヘリパッド建設、辺野古新基地建設…世論調査でも、県知事選でも、総選挙でも、参院選挙でも、沖縄県民は明確に拒否しているにもかかわらず、です。こんな民主主義国家はあり得ないし、こんなことが見過ごされる国家なら日本全体がダメになると危惧します。

「県外からプロ集団が辺野古に来て煽っている」などという話が繰り返し流されています。最近も東京のＴＶでそういう番組がありました。こうした作り話はバカバカしいものですが許されません。こんなことで沖縄県民のたたかいを貶《おとし》めることはできません。

プロに煽られるなんて失礼な話です。沖縄の人はそんなに愚かじゃありません。米軍支配下で銃剣と対峙しながら「非暴力」でたたかいぬいてきた。これは沖縄の人たちの魂とでも表現したらいいのでしょうか、これがあるからこそ基地反対運動を続けてこられたのです。

富田詢一

沖縄の悲しみや怒りを

本土からもっとたくさんの方に来ていただきたいと思っています。沖縄の人だけでたたかうなら

「純粋」で、本土から支援があるとそうでないなどまったく違います。国際的な支援の輪もひろがっています。

本土でいきなり沖縄を理解しろ、と言ってもそれは無理がある。まず事実を知ってもらうことです。沖縄の悲しみや怒りが少しずつでも伝わり、それが大きなうねりになってくれればいいな、と願っています。

沖縄はいま日本全体に問題を投げかけています。国政選挙の場でも、「オール沖縄」として取り組まれ、沖縄県民は、その民意を明確に表明しました。日本全体でどう考えるのでしょうか。国政の場での新しい動きとしては、「野党共闘」が沖縄の問題をどう扱い、展開していくのか、注目しています。

何十年かかってもあきらめない

翁長知事は、辺野古に新基地は絶対に造らせないし、造れないと繰り返し言っています。私もそう思います。さらにいうなら万が一、強行されたとしても、それで終わらないのです。高江でもオスプレイの配備撤回を求めて声をあげ続けています。押し付けられた基地は日本政府と米軍の横暴の象徴、人権蹂躙の象徴、民主主義と自治の圧殺の象徴としてあり続けるのです。そんな基地はいつまでも持ちません。政府が辺野古の海に砂利を入れ、埋め立てたとしても沖縄人《うちなーんちゅ》の魂までを水底に沈めることはできない。何十年かかってもあきらめない。それが沖縄県民のたたかいです。

（２０１７年2月号）

映画「母－小林多喜二の母の物語」
あの時代に逆戻りさせません

映画『母』監督

山田 火砂子さん

やまだ・ひさこ

東京都生まれ。戦後女性バンド「ウエスタン・ローズ」で活躍後、舞台女優を経て、映画プロデューサーに。「はだしのゲン」（実写版）「春男の翔んだ空」「裸の大将放浪記」などを制作。監督に転じ、「エンジェルがとんだ日」（アニメ）で、重度の知的障害者である長女と歩んできた半生を描く。その後、「石井のおとうさんありがとう」「筆子・その愛」「大地の詩」「明日の希望」「望郷の鐘」と続く。代表取締役を務める現代ぷろだくしょん（1951年設立）の２作目が、山村聰監督・出演の「蟹工船」。

私は、娘が知的障害をもっていることもあって、ずっと映画で福祉につくした人を描いてきました。しかし、安倍さんが再び首相になって、〝こうしてばかりではいられない〟と思いましてね。それでまず撮ったのが、「望郷の鐘～満蒙開拓団の落日～」。主人公は山本慈昭《じしょう》。終戦直前に学校の教え子たちを率いて満州に渡り、多くの仲間を失い、戦後は中国残留孤児の肉親捜しに命を懸けた人でした。さいわい、10万人を超える方々にみていただきました。主演の内藤剛志さんの演技も素晴らしかった。

次が「母――小林多喜二の母の物語」。実は「母」を前から映画にしたくて、原作者の三浦綾子さんのご主人の三浦光世さんに生前、映画化の権利をいただいていたんですよ。三浦さんは、「いい映画を作ってください」といっていましたね。多喜二の母・セキさん役も、前から寺島しのぶさんと決めていました。実際に「母」を撮ってみて、すごい俳優ですよ、彼女は。

私が小林多喜二の最期について詳しく知ったのは、30歳のころだったかな。橋爪健作という人が書いた『多喜二虐殺』を読み、多喜二を殺した特高をぶん殴ってやりたい気持ちでいっぱいになりました。

戦争が終わったとき、私は13歳。終戦の年の5月25日、東京の山の手大空襲にあいました。いまは新宿区ですが、淀橋区にあったわが家が一瞬のうちに焼け落ちました。夜空は飛行機でびっしり。よくぶつからないな、と思ったほどでした。焼け出され、着るものも食べ物もない物乞い同然の生活。

そんな体験もあって、戦争に反対する多喜二を殺した連中を許せなかったのでしょうか。

多喜二は反戦だけではなかった。当時の天皇制にも反対しました。天皇制では、忘れられない思い出があります。小学校の上級生の男の子が私たち年下の女の子を集め、「天皇陛下は生き神様だ」と話し始めた。私が「天皇陛下は食べないの？」と聞くと、彼は「食べない」という。別の子が「うんこしないの？」と聞くと、「しない！」。そういう時代に天皇制の「国体」にかかわる自由な社会をつくろうとした多喜二を、権力は憎んだんですよ。

三浦綾子さんは「多喜二ほど真剣に、自分の思想に生きた作家はないと思う」と書いています。私もそうだと思いますね。軍国主義の日本で思想・信条に生きることはたいへんで、キリスト者も「天皇が神」といわされ、拒む牧師は多喜二のようなめにあわされました。クリスチャンの三浦さんは『母』の中で、壮絶な人生の多喜二をキリストに、多喜二の死後に信仰の道に入ったセキさんをマリヤ様にたとえています。

私もクリスチャン人生50年で、いま「母」を撮ろうと思ったのは、やっぱり安倍さんの政治が怖いからです。特攻隊員も多喜二も、死にたくて死んだのではないですよ。若者が望まない死に方をさせられる時代に逆戻りさせてはならない。そして、セキさんのような母親の悲劇を繰り返してはならない。そう願って撮った「母」を、一人でも多くの人にみていただきたいですね。（聞き手　卯城公啓）

（２０１６年12月・17年1月合併号）

〈寺島しのぶさんのブログ（２０１６．09．24）から〉

あーつがれた
毎日怒涛のシーン数を消化し、２日目にしてくたばってます。（中略）
小林多喜二の母セキさんは、多喜二が20代の時拷問で殺された多喜二と死別します。
見るも無残な遺体の写真です。
ろくな教育も受けず字も読めず、ただひたすら四人（あと二人いたけど死亡）の家族のために支え続け信じ続けたセキさんの生き様は、自分の体を通して痛く痛く辛く辛くしみてきます。
でも逆に言えば、この四人にセキさんは支えられてきたんだなぁと。
そんなセキさんを生きていると、一目散に帰って無性にMr. Ｍ（寺島さんの息子さんのこと）を抱きしめたくなるのです。
早朝行きの車中でこれを書いているうちに「又やるぞ！」という気持ちになってきました。（中略）
セキさんを演じられることを感謝し、謙虚にひたむきに頑張らねばいけない。
（後略）

選挙を国民のものに

―自由な選挙は民主主義の土台―

元自治省選挙部長　早稲田大学教授

片木 淳さん

かたぎ・じゅん

1947年、大阪府生まれ。71年自治省入省、大臣官房審議官、行政局選挙部長、総務省消防庁次長など歴任。この間、鹿児島県観光物産課長・財政課長、臨時行政調査会（土光臨調）事務局調査員、高知県保健環境部長・総務部長、北海道総務部長、大阪府総務部長等。2003年から2018年3月まで早稲田大学大学院公共経営研究科（現公共経営大学院）教授。

「選挙に行こう」――。戦争法廃止、立憲主義の回復、個人の尊厳を求める多くの市民が、政治に関心を高め、選挙活動にデビューしました。そこでビックリ仰天。支持の訴えもビラ配布も自由にできない現実を知りました。あれもダメこれもダメ……。公職選挙法のもと日本の選挙活動は手も足もしばられ、目隠し、耳栓をされています。世界でも異例の選挙規制に警鐘を鳴らす元自治省選挙部長の片木淳早稲田大学教授に聞きました。（聞き手　乾友行）

規制だらけの選挙では民主主義の未来はない

「べからず選挙」といわれるいまの日本の選挙活動の規制に危機感を募らせています。国民が選挙活動に自由に参加できない――こんなことを放置していると日本の民主主義に未来はない、と憂えています。選挙部長のときにも問題意識はありましたが、研究すればするほど危機感を深め、いま発言しなければ、と思っています。

「公正・平等な選挙改革にとりくむプロジェクト」（とりプロ）にかかわり、「選挙市民審議会」の共同代表を務め、自由な選挙をめざして活動しています。いま公選法の抜本的改革――法案要綱を練り上げています。供託金の削減・廃止、戸別訪問の自由化、立会演説会・市民が参加する公開討論会、文書図画やインターネット活用の拡大・自由化の実施などを提案したいと準備をすすめています。

公選法は、条文が膨大かつ非常に複雑、さらにその規定の内容自体があいまいで、「プロ」も悩む法律になっています。私も選挙部長のとき、多くの問い合わせを受けましたが、ベテラン職員にも判断が簡単にできないものも少なくありませんでした。例外に例外を重ね、さらに例外をつぎあて運用されています。選挙活動と政治活動の線引きなども、あいまいで論理的な基準はないのです。何が許される行為で何が許されない行為か、境界があいまいというのは、「罪刑法定主義」から言っても、重大な問題です。結局、具体的な判断は、警察がおこなうことになり、いっそう選挙活動の萎縮をすすめています。

治安維持法とともに生まれた選挙活動規制

日本の選挙規制には、歴史的な根深い問題があります。

1925年普通選挙法が施行されたとき、一方で弾圧法、治安維持法とセットにされたことは知られています。実は選挙活動も、このときまでは自由だったのですが、戸別訪問や文書がきびしく制限されたのです。「買収」防止が口実とされていますが、無産運動などが高まるもとで、一気に有権者が4倍化し、1200万人にも膨らむことへの警戒感があったのでしょう。天皇主権のもとでの規制だったわけで、戦後、撤廃されるべきでした。ところがそのまま温存されてきたのです。この分野には、「戦前」が残っているのです。

選挙は誰のものか、主権者は誰か

公選法の問題は、選挙は誰のものか、という根本で考え違いをしていることです。公選法は、選挙は候補者、政党がおこなうもの、という考えに基づいています。主権者である国民が候補者と議論する、国民同士が自分たちで議論する、そういう選挙活動はいっさい認めていないのです。いわば選挙は御上がおこなう、という考えですね。この発想を逆転しなければなりません。

本来、選挙は、もっとも自由が保障されなければならない活動です。主権者である市民が参加し、自由に議論する。どんな国にしたいのか、責任もあるが、希望も膨らむ楽しい活動です。憲法21条は表現の自由を保障していますが、その核心ともいえる政治的発言の自由は選挙においてこそ保障されなければなりません。選挙活動の規制を撤廃し、自由にすることが基本です。ドイツでは、ヒトラーを生んだ反省から、学校で主権者教育、政治教育をていねいにすすめています。そこでは一方通行でなく、議論することが重視されています。こうして一人ひとりを主権者として育ててこそ、その国の未来が保障されるのではないでしょうか。

民意を反映した選挙制度を

選挙活動を国民のものにするとともに、民意を反映した選挙制度にすることも大切になっています。いま国民の間で多様な価値観があり、それを反映するには、比例代表制がより適切でしょう。社会の構造、民意と国会の構成があまりにもかい離しているのは、健全な民主主義社会とは言えないでしょう。とくに安倍政権の安保法制などでの強硬姿勢を見ていると、3割の得票で7割の議席を占めるという小選挙区の弊害を指摘せざるをえません。

いま「政治」にたいし、市民が声を上げるようになりました。選挙活動の規制にも多くの視線が集まり始めています。問われているのは、民主主義の土台です。選挙の自由を実現するために、多くの人たちと協力して、声をあげていきたいと思います。

（2016年12月・17年1月合併号）

片木　淳

一緒に描こう 僕らの望む社会の姿を

ソーシャルワーカー

藤田 孝典さん

ふじた・たかのり

1982年生まれ。社会福祉士。聖学院大学人間福祉学部客員准教授。厚生労働省社会保障審議会特別部会委員(2013年度)。代表理事を務めるNPO法人ほっとプラスには年間500件の生活相談が寄せられている。著書に、『ひとりも殺させない』(堀之内出版)、『貧困世代―社会の監獄に閉じ込められた若者たち』(講談社現代新書)、『下流老人　一億総老後崩壊の衝撃』『続・下流老人　一億総疲弊社会の到来』(朝日新聞出版)など。「下流老人」は15年流行語大賞にノミネート。

リーマンショック後、派遣村などで貧困問題が一時〝ブーム〟になり注目されました。この問題を〝ブーム〟で終わらせてはいけない。貧困はずっと社会にへばり付いているものです。世間が貧困に向き合わざるを得ない環境を戦略的に作り出そうと考えています。

政府の「アベノミクス」や「一億総活躍」という言葉の多用も戦略的といえます。ではこちらも「下流老人」、「貧困世代」など困っている多くの人たちにフィットする言葉をつくり、SNSで仲間をつくり、メディアに露出し、情報戦を制しようと考えています。

絶望からの出発

大企業に勤める父のもと、私は貧困と無縁で何不自由なく育ちました。日本に貧困なんてない、貧しい人は「なんて自堕落なヤツ」と考えていました。

おばあちゃん子だった私は、高齢者支援に関心が向き、大学では社会福祉学を学びました。大学2年生の時、自転車でアルバイトに向かう途中、飛び出してきたおっちゃんにぶつかってしまいました。話を聞くとホームレス生活をしているという。50代半ば、元銀行の支店長でした。過労からうつ病になり退職、離婚。失業保険は？　労災は？　生活保護は？　習った制度をいろいろ聞きました。返ってきた言葉は「役所に行っても〝働け〟で終わりだよ」。――僕が学んでいる社会福祉学ってなんだろうか、にわか仕立ての知識を披露しても何の役にも立たない。絶望と無力感、自分のごう慢さを痛感しました。
現場を知りたくて、新宿や池袋で支援団体の活動に参加しました。相談者に付き添って生活保護申請の窓口に行くと「もう少し勉強してください」と帰らされることもありました。

経済成長の幻想から降りる

いま、「普通に働いてきた」にもかかわらず、貧困に陥る人が増えています。医療、介護、保育などで家族の誰かが働けなくなると途端に暮らしが行き詰まる。困窮しても親や子、親族も経済的に余裕がないので頼れる人がいない。さらに貧困を「恥」と考え誰にも相談できないまま孤立し、状況は悪化する。社会保障が弱い国の特徴です。

ネットなどで浴びせられるバッシングも困窮者を追い込みます。景気が低迷すると他者を排除する傾向が生まれますが最近は特にひどい。生活が苦しい、不安を抱えている人が、同じ境遇やより弱い立場の人を攻撃する。「甘えるな、もっとつらい人を知っている」と。富裕層も「こんなに納税しても、恩恵は弱者ばかり」という。これに一部の政治家や大手メディア、知識人が賛同し賞賛を集める。この構図が社会に排除と差別と暴力を生んでいます。

「若者の保守化」は、多数派の中にいたい、普通でありたいという現れです。不安だから古き良き経済成長の時代の姿にすがってしまう。経済が成長すれば人間は豊かに暮らせるという幻想にすがるのです。

日本の制度はまず経済を成長させて、その残余を社会保障に充てるというシステムです。だから、成長が止まれば社会保障に回すお金は無いよ、となる。経済一辺倒から降りて、社会はみんなで支え合うものという感覚を取り戻さないといけません。経済が成長しようがしまいが、こんなに社会が疲弊し、人が罵《のの》り合い攻撃し合わないで暮らせる社会を、時間がかかってもつくっていきたいです。

時代錯誤の改憲草案

自民党改憲草案の「家族の助け合い」の義務化は、家族がいない、頼れる人がいないという相談者に接している私からすると、これはかなり怖い発想です。そもそも感覚が時代遅れです。家父長制の支配から脱却するために、介護、医療、育児が社会化してきました。「家族の助け合い」を憲法で義務付けるなど、たとえどんな家に生まれても自由に暮らしていこうという近代の進歩に対する真っ向からの挑戦と批判です。私たちがつくってきた社会保障制度の根幹が問われます。

「経済的徴兵制」、軍備増強、原発の問題も危機的です。命と環境の犠牲は、資本主義の末期症状です。

革新の好機を逃さない

歴史を遡《さかのぼ》れば、社会の問題が可視化され、運動が注目された時、そして同じ方向性を運動全体が見すえた時、必ず革新の好機が訪れています。そのチャンスを逃さないために私は力を蓄えています。

藤田孝典

いま、社会を改革するかどうか、瀬戸際の決断が迫られています。けれどそれをひとりで考えるには限界があります。次のあるべき社会の姿を、若い人たちと一緒に描きたい。政治、社会から逃れて生きてはいけないですから。（聞き手　大谷智也）

（２０１６年11月号）

市民とつながり
海を越える言葉の力

自由と平和のための京大有志の会・発起人

藤原 辰史さん

ふじはら・たつし

1976年、北海道旭川市生まれ、島根県横田町（現奥出雲町）出身。京都大学総合人間学部卒業。京大人文科学研究所助手、東京大学農学生命科学研究科講師を経て、現在、京都大学人文科学研究所准教授。農業技術史、ドイツ現代史など。著書に『［決定版］ナチスのキッチン――「食べること」の環境史』（共和国＝河合隼雄学芸賞受賞作）、『稲の大東亜共栄圏――帝国日本の〈緑の革命〉』（吉川弘文館）ほか。

あの日、9月19日に安保法制が「成立」して1年がたちました。いま私の中で、二重の気持ちが折り重なっています。一つは、どんどんとタガが外れていく音におびえる気持ち。私の知り合いは、沖縄の高江で逮捕されました。こんなふうに日本社会がダメになっていくのか――。「残念」「悔しい」より「怖い」「恐ろしい」という気持ちです。

片方に、うれしい気持ちがあります。京大有志の会は1カ月に1回ほど、読書会を開いています。9月は中島京子さんの『小さいおうち』でした。そこに来られる市民の方々のお話は鋭く、教えられることが多い。また私は、会の活動で知り合ったいろんな団体の縁結びもしています。市民の力が蓄えられている――。地下でアリが部屋と部屋をつなげて巣をつくっていくように、日本列島の地下水脈で市民がつながっていくという手ごたえを感じます。

続く賛同のウエーブ

京大有志の会は昨年7月2日、安保法制で切迫する状況に押されるように生まれました。この部屋（＝藤原研究室）に同僚3人が集まって発足を確認し、声明書をだそうと決めました。すぐに私が15分ぐらいで下書きし、仕上げて賛同をよびかけました。あの声明書が私の人生を狂わせましたね。ツイッターで賛同の声が届くと携帯電話が〝ピロリン、ピロリン〟と鳴るようにしたのですが、それが鳴りやまない。メディアの取材も殺到しました。賛同のウエーブはいまにいたるも続いています。

声明書をメニューの裏に貼るレストラン。家の前に張り出す人。埼玉の予備校講師・山岡信幸さんの「子ども語訳」は素晴らしく、タンザニア在住の日本人がスワヒリ語に訳して現地の子どもに読み聞かせた、という話も伝わってきました。声明書はいま三十数カ国語に訳され、世界に発信されています。

言葉を得てこぼす涙

なぜこれほどまでに大勢が賛同したのか。私もよく分からないのですが、心のどこかに声明書と同じような思いをもつ人たちが言葉を得たのかもしれません。心の中で渦巻いていたものが言葉になったとき、涙を落とす人が多いですね。いま、嫌韓本や嫌中本などのように、すさんで品性の欠けた言葉が読まれている。それとは異なるしなやかな言葉を、人文学の研究者の一人として伝えたい。そんな自覚はありました。

宿題が出た参院選

参議院選挙では、いろいろ宿題が出てきました。野党共闘をどう進めるかもそうですが、いちばんしんどい思いをしている貧困層の立場に立ち返って政治を考えることもそうです。多くの人が、ひどい社会の現状や日常生活をおかしいと思っている。しかし、現状を変えてくれるのは安倍さんと思う人もいる。私たちが「生活を守る」など「守る」「守る」といいがちなのに対し、自民党の主張はいですね。

「憲法改正」を含め、人の目に新しく映るのでしょう。

私が『ナチスのキッチン』という本で主張したのは、ファシズムは日常の中から生まれるということです。そうさせないためにも、地域でも大学でも身近な課題を政治に組み入れてたたかっていきたいですね。

「新時代」の創造へ

京大有志の会は、「新時代の自由と平和」の創造を宣言しています。「新時代」とはなにか。私はこう考えています。私には、「憲法9条を守る」「平和を守る」という発想がありません。日本は戦後、朝鮮戦争やベトナム戦争、イラク戦争などにかかわってきたではないか。守るべき平和があったのか。あったとしても内向きの平和ではなかったか。「自由」も同様です。だから、まだ手にしていない自由と平和を、隣国やつらい立場の人びとともに創造していこう――。

そう考えて日本国憲法を読み返すと、「こんなに役立つ憲法はない」と思えてきます。

私たちは、あせらず地道に、「新時代」めざして活動を続けていきます。言葉の力を鍛えながら。

（聞き手　卯城公啓）

（2016年10月号）

藤原辰史

声明書

戦争は、防衛を名目に始まる。
戦争は、兵器産業に富をもたらす。
戦争は、すぐに制御が効かなくなる。

戦争は、始めるよりも終えるほうが難しい。
戦争は、兵士だけでなく、老人や子どもにも
災いをもたらす。
戦争は、人々の四肢だけでなく、心の中にも
深い傷を負わせる。

精神は、操作の対象物ではない。
生命は、誰かの持ち駒ではない。

海は、基地に押しつぶされてはならない。
空は、戦闘機の爆音に消されてはならない。

血を流すことを貢献と考える普通の国よりは、
知を生み出すことを誇る特殊な国に生きたい。

学問は、戦争の武器ではない。
学問は、商売の道具ではない。
学問は、権力の下僕ではない。

生きる場所と考える自由を守り、創るために、
私たちはまず、思い上がった権力にくさびを
打ちこまなくてはならない。

【寄稿】沖縄はだまっていろ⁉ 泣きをみろ⁉

告発・「辺野古」めぐる不当判決

翻訳家・全国革新懇代表世話人

池田 香代子さん

いけだ・かよこ

1948年、東京都生まれ。ドイツ語翻訳家、社会運動家。著書に『哲学のしずく』（河出書房新社）、『魔女が語るグリム童話』（洋泉社）、『世界がもし100人の村だったら』（マガジンハウス）など。

福岡高裁那覇支部（多見谷寿郎裁判長）は2016年9月16日、沖縄・辺野古の米軍新基地の建設をめぐり、国側の全面勝訴の判決を言い渡しました。安倍政権の政策を丸のみした判決の不当さを、池田香代子さんが告発し、『全国革新懇ニュース』に次の文を寄せました。（『全国革新懇ニュース』編集部）

判決の翌日、琉球新報に寄稿した田岡俊次氏（軍事評論家）によると、判決には軍事的な間違いがいくつもあるという。たとえば判決は、「ノドンの射程外となるのは……沖縄などごく一部」なので、基地は沖縄に置くしかないとするが、田岡氏は、そもそもノドンは嘉手納をターゲットとして開発されたのだから、届かないはずがない、しかもより長い射程距離のムスダンもある以上、「沖縄が特に安全で地理的優位を持つとは考えがたい」と否定する。

司法の独立ドブに捨て

また、海兵隊航空基地が沖縄にないと、オスプレイが緊急事態に対応できない、との主張にたいし、田岡氏は、オスプレイ数機が「200人余の携帯火器しか持たない兵士を運んでもほとんど意味がない」と言う。判決が「潜在的紛争地域」とする韓国には、そもそも1万6千人の米軍が常駐しているので、こんな「小部隊が出る幕はない」のだ。もう一つの「潜在的紛争地域」台湾海峡は、中台を結

池田香代子

ぶ定期航空便が週650便にのぼり、米海兵隊が介入するような紛争が起きるとは考えられない。田岡氏は、判決の軍事にかんする部分は、事実を歪《ゆが》めた国の主張の切り貼りだ、と切って捨てる。

司法権の行政権からの独立は近代国家の基本だが、裁判官たちにはそれを台無しにした自覚もないのだろう。裁判官が思考停止し、司法の独立をドブに捨てたな、と感じる箇所はほかにもある。たとえば、「国防・外交に関する事項は、本来、地方公共団体が所管する事項ではない」と判決は言う。これまで裁判所は統治行為論を根拠に、高度に政治的なことがらに司法は判断を下すべきではないとし、安保関連の裁判では判断を回避し、違憲判決を下すことを避けてきた。なのに、今回、訴えたのが国だと手のひらを返すように、国防・外交は地方自治より優先するのだから、沖縄は黙っていろ、日米関係をおかしくする埋め立て許可取り消しなど認めない、とはっきり言っているのだ。

人権より基地の日本

さらには、埋め立てにはお金がかかる、だからそれを差し止める権利の行使は制限されるべきだ、前知事の手続きに瑕疵《かし》があったとしてもとるに足りない、とすら言っている。人権や地方自治や環境の問題を目先のお金の問題に矮小《わいしょう》化し、手続きの不備などどうでもいい、というわけだ。極めつけは、沖縄の利益に沿わず住民の総意が許さないという言い分を通したら、全国どこでも同じ主張がされてしまうから、沖縄が泣きを見るべきだという、あからさまな沖縄差別だ。

アメリカは、住民が反対する場所には基地を置かないし、住民の反対する運営もしないのが原則だ。

基地が反感を買っては、軍事的政治的意味を損なうからだ。しかし、日本に限っては、この判決に明らかなように、国が前面に出て住民の反対を抑え、基地を守ってくれる。だから退かないどころか新設しようとしているし、運営はやりたい放題だし、軍関係者の規律は沖縄蔑視に根ざしてゆるみっぱなしだ。これまで日本にとって、卑怯《ひきょう》なことに沖縄に基地があっての安保だった。これからは、沖縄をとるか安保をとるかだ。地位協定の見直しすらしようとしない国に、その深刻さがわかっているとは思えない。これでは、沖縄独立論が高まるのもむりはない。

（２０１６年10月号）

池田香代子

市民と野党の共闘 この流れはもう止まらない

市民連合よびかけ人・教育学者

佐藤 学さん

さとう・まなぶ

1951年、広島県生まれ。学習院大学文学部特任教授、東京大学名誉教授。日本学術会議第一部元部長、日本教育学会会長など歴任。「安全保障関連法案に反対する学者の会」発起人。「安保法制の廃止と立憲主義の回復を求める市民連合」よびかけ人。

佐藤　学

昨年（2015年）、安保法制（戦争法）反対をよびかけたとき、誰が今日のような市民と野党の共闘を想像したでしょうか。夢のような気さえします。「市民革命」の始まりです。私は、革命は「起きる」ものだと思っていましたが、そうではなく、「起こす」ものでした。

安保法制に反対する運動は、これまでにない運動でした。私自身、40数年ぶりにデモに参加しました。60年安保、70年安保闘争は、政党と労働組合が中心で動員型でしたし、相互に対立もありました。

「市民革命」の中身

しかし、今回の運動は、市民ひとりひとりが主権者として起ち上がりました。ＳＥＡＬＤｓの女性の演説を聞いたとき、一人称で日常の暮らしからでた言葉で堂々と思いを語り、戦争法反対を宣言する——身震いするほど感動しましたね。

しかも市民、労組、団体が連帯し、統一してたたかいました。さらに政党と協力し、野党の共闘をうながし、国会内外が連帯してたたかいました。これが「市民革命」の始まりといわれる中身でしょう。

自公勢力は、安保法制を強行採決しましたが、この市民と野党の共闘の流れは止まるどころか、発展しました。ＳＥＡＬＤｓが「選挙に行こう」とコールしはじめたとき、私はひっくりかえるほどビックリしました。かつては市民は、私も含めて、議会政治に懐疑的であり、運動に参加はしても、国会を変えていこうとまでならなかった。しかし、このコールは主権者として、選挙に参加しよう、というよびかけです。憲法12条（この憲法が国民に保障する自由及び権利は、国民の不断の努力によって、これを保持しなければならない）そのもののたたかいですね。政治に絶望していた多くの無党派の市民が、希望を見いだしたのです。この流れはもう止まりません。

参院選挙結果は、改憲勢力が3分の2の議席を占めたという事実を認識しなければなりません。しかし、野党共闘が「一定」のものであれ、大事な成果をあげたことをしっかりと見なければならないと思います。前回参院選では4野党で28議席だったのが44議席に増えました。私たちは、福島、沖縄で現職大臣を落選させ、特に激戦区で野党統一候補がせり勝った。野党は比例区でも得票を伸ばしました。

参院選結果から見えるもの

しかし私がもっと大事な成果と思うのは、日本政治史上初めて、市民が主権者として連帯し、平和主義、立憲主義、民主主義をかかげて野党の統一を促し、選挙に臨む――この選挙の形が定着したことです。都知事選でも継続しました。今後の首長選挙、さらに衆院選挙もこの市民と野党の共闘を発展させたいですし、これ以外に道はないと思います。

残念ながら、都知事選では公示直前に統一候補は実現したものの、共闘が十分な力を発揮できないまま、都民の鬱憤《うっぷん》を吸収する小池氏の劇場型選挙に押し切られてしまいました。メディアが演出するポピュリズム政治にどう対抗すればいいのか、大きな課題を残したと言えます。とはいえ、市民が共闘し野党が共闘する新しい政治は、今後も変化することはないでしょう。

もちろん多くの課題があります。私は、ふたつの点を痛感しました。ひとつは、一番困窮している、多くの人が選挙に参加していないということです。アベ政治にもっとも被害を受け、しんどい思いをしている人たちの多くが棄権しました。これをどのようにして克服するか、です。

もうひとつは公選法がひどく、主権者・市民が選挙をできないようになっていることです。市民が選挙する、という発想がない。ここを変え、政治について自由に議論できる空間が必要です。主権者が政治について語る――本来、選挙は楽しいものでなければなりません。こうしたことを模索しながら追求していきたいですね。（聞き手　乾友行）

（2016年9月号）

今度の野党共闘は大きな種まき

エッセイスト

水野 スウさん

みずの・すう

今の日本国憲法と同い年、東京生まれ。日本女子大学英文科卒。1974年、結婚と同時に金沢へ。娘の誕生をきっかけに、83年から自宅で「紅茶の時間」をはじめる。出前「紅茶の時間」として、お話やワークショップ、けんぽうかふぇなど。九条の会・石川ネット呼びかけ人。著書の『わたしとあなたのけんぽうBOOK』が話題に。ほかに『きもちは、言葉をさがしている』『ほめ言葉のシャワー』など。

去年の9月、ＳＥＡＬＤｓが「選挙で野党は共闘」と初めて言ったのね、その時、誰も実現すると思わなかったけど実現しましたね。この国は民主主義と思っていたけど違うとみんな気付き始めた。参院選で明らかに数字的に結果が出た。きっとみんな野党共闘が無駄じゃないと実感したと思う。

私は、石川県選挙区から立った野党統一候補（無所属）の人を応援するため３６５人の知らない人と電話で話しました。アベ政治を共に問う、危機感を持つ人が力を持ち寄って支援したのは自然なことだったんです。

いままで関係ないと思っていた人が、「関係ある」ってなったってこと。選挙は未来を決めるもの。今度の野党共闘は大きな種まき。周囲にも選挙運動に初参加の人が多くいた。私たちは選挙運動を通して民主主義の練習をいっぱいしたね、と思っています。

「紅茶の時間」で学んだ　私は社会のひと粒

33年前、娘が生まれ、命を一緒に育てる仲間がほしくて自宅で開いたのが「紅茶の時間」という場。毎週15人ほどのお母さんと赤ちゃんでにぎやかでした。

始めて3年、チェルノブイリ原子力発電所の事故が起きました。でも原発がなにかもわからない。ああそうか、新聞は経済の側にたった情報だけ、命の側にたった情報は伝えないんだと思って仲間と勉強会をしました。それまで絵本や子どもの食べ物が話題の中心だったけど、少しずつ「ゲンパツ」

水野スウ

という単語が入ってきた。離れていった人もいたよ。逆に踏みとどまった人もいる。さらに「原発の話できるならいってみよう」と来た人もいた。ここで「紅茶の時間」は免疫力をつけたのね。

そこから「はてな?」をみんなで持ち寄って、学びあうようになりました。政治は社会のシステムのことなんだな、私の暮らしは政治と切り離されていないと気付いたんです。それまで無自覚だったけど、社会はいろんな人で構成されている、私も社会のひと粒だと学んでいったのね。

そのうち、胸にいろんなものを抱えた人、しんどい思いをしている人も来るようになりました。なんでこんなに、つらい苦しい思いをしている人が多いんだろうと考えた時、それは誰もが等身大で認められたいという願いを持っていると気付かされた。もっと人は大切にされていい。それが憲法13条だったんです。「私は幸せを追い求めていい。私も大切にしていい。あなたも大切にされていい」と訳したのが娘。とてもいい訳だなと鳥肌が立ちました。

「12条する」――普段の〝不断の努力〟

3年前、当時の麻生太郎副総理兼財務相の、「ドイツのワイマール憲法を無力にしたナチスの手口を学んだらどうか」の発言に、ぞーっとした。それまで憲法のお話の出前先でいつも、「13条のうた」を歌っていたけど、そんなんじゃ間に合わないと焦った。なにかしなくちゃとあらためて憲法を読んで、不断の努力を国民に求めている12条の存在感に気付いてハッとした。戦争しないと宣言した9条と、個人の尊重を記した13条は、「私がする」と言えない。不断の努力を記した12条だけ言える。ほかの誰でもない私が「12条する」ことでしか、私の13条は守られない。私サボってたな、この12条の命じる矢印は私に向かっているって！　私の中に9条にあぐらをかいていた気持ちがありました。

13条を起点に憲法を考えた時、それを一番侵すのが戦争。その戦争の手段を捨てきったのが9条。12条はpeaceのpiece。小さなpieceがいっぱい集まって積み重ならないと平和は成り立たないんですね。

「12条する」ってデモや署名だけでないよね。日々、普段から、どうしてシリアから人が逃れるのか、パリで起きたテロの背景に何があるか考える。ピースアクションに出かける。他の人に伝えることも、そう。

「？」「！」を添えて自分の言葉で伝えよう

信州でのワークショップで高校生の参加者に「おみやげに持って帰ろうと思った言葉は？」と聞いたら、「I am a piece of peace」と言ったの。かっこいいーって思った！「I am a piece of peace」が、「I am a 主権者」になるじゃない？って話したから、英語の部分を覚えていたみたい。「授業より面白かった」と言ってくれて嬉しかった。

まだまだ憲法を知らない人、なにが起きているのか気付かない人がいっぱいいる。私は伝える時、「？」「！」を添えるようにする。「12条する」って言うと、「え？　なに？」と立ち止まってくれる。どれだけスルーされない言葉で伝えられるかを、みんなが真剣に考えないといけないよね。今の目標は、憲法を語る人を１００人増やすこと。

今のタイミングで自民党の改憲草案の話をすること、次に何が出てくるのかを具体的に言うことが大事。いまチャンスだよ！（聞き手　熊倉綾子）

（２０１６年７・８月合併号）

表現にタブーはない
右傾化を阻止する

ジャーナリスト

田原 総一朗さん

たはら・そういちろう

1934年、滋賀県生まれ。60年、早稲田大学卒業後、岩波映画製作所に入社。64年、東京12チャンネルに開局とともに入社。77年にフリーに。現在、早稲田大学特命教授、「大隈塾」塾頭。「朝まで生テレビ！」（テレビ朝日系）、「激論！クロスファイア」（BS朝日）の司会などでテレビ・ラジオに出演。『日本の戦争』（小学館）、『塀の上を走れ　田原総一朗自伝』（講談社）ほか著書多数。

――2016年2月、高市早苗総務相は〝放送局が政治的公平性を欠く放送を繰り返したと判断した場合、電波停止を命じるかもしれない〟という趣旨で発言。田原さんたち7人のキャスターが、抗議会見を開きました。

田原　僕は会見で、高市大臣の話は非常に恥ずかしい発言だ、全テレビ局が断固抗議すべきだ、といった。憲法が定める言論の自由の保障に反する発言だから、あんなことをいったらテレビや新聞にこてんぱんにたたかれて恥ずかしい目にあう、と思ったんです。ところが、そうはならなかった。多くのテレビ局がなにもいわない。恥ずかしいことですよ。抗議しないから、権力、権力者は図に乗ってつけあがります。

自主規制ですね。よく「コンプライアンス」といわれます。企業が法律を守ることですが、テレビ局でコンプライアンスといえば、クレームの来ない番組を作るという意味なんです。

――東京12チャンネル（現テレビ東京）を振り出しにテレビの世界で52年。1960年代、70年代には、社会性のある主題、タブーとされてきた「性」や「天皇」にまつわるドキュメンタリー作品も数多く作りました。

田原　東京12チャンネルは新しい局で資金も企画力も不足していました。ＴＢＳやＮＨＫが作らない〝危険な〟番組を制作しないと他局と勝負できない。しかし、自由な雰囲気があった。僕は、いまの「朝まで生テレビ」も自由な〝テレビ解放区〟だと思っています。表現の自由が憲法で保障されているんだから、タブーはない。

原点……終戦体験

たとえば１９８８年、昭和天皇の病気で自粛ムードが広がった時です。テレビ朝日の報道局長に「朝まで生テレビ」で天皇論をやろうと提案し、「バカヤロー」と叱られました。

それでテーマを「オリンピックと日本人」に変えた。その本番中、僕は「こんなことやっている時ではない」といって出演者を入れ替え、作家の野坂昭如《あきゆき》さんなどを交えて天皇と天皇の戦争責任について討論しました。局長をだましたわけですが。

タブーはない。その原点は終戦の体験ですね。僕も軍国少年でしたが、昨日まで軍国主義を教えていた教師が途端に「平和」を説き始めた。〝偉い人の話は信用できない。なんでも疑おう〟と思いました。

――昨年（２０１５年）、『安倍政権への遺言　首相、これだけは言いたい』（朝日新聞出版）を出版しました。そこで「右傾化を断固阻止する」と書きました。

田原　日本という国は「平和国家」で売ってきました。昭和の戦争を反省し、繰り返さない。そのために、侵略戦争の戦犯を裁いた東京裁判を認め、首相や国会議員は靖国神社に参拝しない。憲法9条にもとづき、自衛権は持つが戦力も交戦権も持たない……。ところが、安倍首相らは東京裁判を否定したい。自民党の改憲案では、交戦権を持つ「国防軍」が近代戦を戦う戦力も持てます。

昭和の戦争は間違いだったと認めないと、中国や韓国から尊敬、信頼を得られませんよ。アジアの国として、日本にはそれが一番大事なのに。

自民党は変質した

もう一つ。国家権力から国民を守るのが憲法です。自民の改憲案は逆に、「公益」の名目で国家が国民を縛ろうとしている。

僕は、右傾化は自民党の変質によるところが大きいと思う。総裁に反発すると公認されない小選挙区制のもとで、党内に反主流派、反安倍の勢力がいなくなった。僕も、野中広務さんから「中選挙区制では金権選挙がなくならない」と聞かされ、小選挙区制導入の政治改革に賛成しました。当時、いまのようになるとは想像できなかったですね。

自民党の幹部たちに取材すると、「中選挙区制の方がいい」と話す人がいます。しかし、実際に中選挙区制に戻るのは「選挙に億単位の金がかかるからいやだ」といいます。それならば、野党が強くなって政権交代させるしかない。いま参院選の1人区での野党共闘が進んでいますが、僕もそれに注目しています。

空気をぶった切る

——「世界と日本の民主主義が正念場を迎えている」とも考えています。

田原　民主主義が否定されるかどうかという時、表現の自由の守り手としてメディアの役割は大きい。しかし、国境なき記者団の２０１６年「報道の自由度ランキング」で、日本は72位まで落ちました。日本のメディアの恥です。

もともとメディアは、やくざな世界ですよ。ところがいまは、エリート化しサラリーマン化し、周りの空気を読みすぎる。僕らは、空気をぶった切ることでやってきた。ジャーナリズムは世間に波風を立てるためにあって、波風を立てないテレビ番組を作るなどジャーナリズムではない。

僕も82歳。本の題に「遺言」という言葉を使ったりしていますが、これからも波風を立てていきますよ。（聞き手　卯城公啓）

（２０１６年６月号）

立憲主義の危機
問われる主権者の意思

元内閣法制局長官

阪田　雅裕さん

さかた・まさひろ

1943年、和歌山県生まれ。弁護士。66年に大蔵省（現財務省）入省。92年から内閣法制局で要職を歴任し、小泉政権期の2004年から06年まで第61代内閣法制局長官。現在、アンダーソン・毛利・友常法律事務所顧問。著書に『政府の憲法解釈』（有斐閣）、『「法の番人」内閣法制局の矜持』（大月書店）など。

内閣法制局の長官といえば、かつては〝左〟の人たちから「自衛隊が合憲とはけしからん」などと攻撃されたものです。ところが、私の長官の任期の終わりごろから、逆に〝右〟から石が飛んでくるようになりました。「集団的自衛権の行使を認めない法制局の憲法解釈はおかしい。変えるべきだ」というわけですね。

9条2項　政府に勝手に戦争させないための規範

内閣法制局は、「法の番人」「憲法の番人」とも呼ばれます。憲法が統治権力を縛る立憲主義に基づいて、統治の担い手である政権が法治国家にふさわしい適切な行政ができるよう内閣を支える、法律の専門家集団です。憲法9条の解釈は、政府が60年余りもの間言い続け、国会での論議が重ねられてきたものです。戦力を持たない、交戦権を認めないという9条の2項は、政府に勝手に戦争させないための具体的な規範です。そこで、自衛隊は自衛のための実力組織であって戦力ではない、海外での武力行使はできない、と説明してきました。海外での武力行使を認めれば、自衛隊の合憲性の根拠もなくなるということです。

9条の解釈を見直すべきだというのは、安倍首相の議員当時からの主張でしたから、第1次安倍内閣が発足し、安保法制懇が設置されたときから、私は政府の9条解釈の正当性とこれを変更することの不当性を訴えてきました。

たしかに安倍内閣は、先の総選挙でも大勝したわけですが、多数の支持を得たからといって何をしてもよいということでないのは当然です。〝多数者の暴力〟という言葉もありますが、民主主義下においても統治権力が憲法に従って行使されなければならないことは、絶対王政の場合と異なるものではありません。

なぜ？ 憲法上「できない」から「できる」へ

私は、今度の安保関連法制についてすべてを否定するわけではありません。政府が、従来の9条解釈の基本的な論理の枠内に収まるよう集団的自衛権の行使を限定したことは評価できると思いますが、限定的であっても集団的自衛権の行使は海外へ行って戦うことを意味します。憲法上「できない」と説明してきたのに「できる」ということにするのですから、どうしてそのような解釈の変更が必要なのか、国民が十分に納得できる説明がなければなりません。

残念ながら、そうした説明が、法律が施行された今になっても十分とは言えない。安全保障環境が変わったの一点張りですが、これだけでは、なぜ国民の命と暮らしを守るために、日本が、これまでは必要なかった海外での戦争に加わらなければならなくなったのかがさっぱり分かりません。ホルムズ海峡の機雷封鎖が「国民の生命、自由及び幸福追求の権利を根底から覆す」ことなど、あり得ないと思います。

集団的自衛権　敵つくり、国民を危険にさらしかねない

それだけではなく、集団的自衛権を行使するということは、その敵となる国に、わが国を武力攻撃する大義名分を与えることになるわけですから、かえって国民を危険にさらすことになりかねません。

抑止力という話もありました。アメリカにより一層の協力をしないと、いざという時に米軍が日本を守ってくれない、ということなのでしょう。日米安保条約があって、これに基づいて米軍が駐留し、日本も少なからぬ基地負担をしているわけですが、それでも日本が攻撃をされた時に米軍が撤退してしまう懸念があるのでしょうか。もしそうなら、その現実的な根拠を明らかにするべきだと思います。

審判と監視　義務付けといえない自衛隊の海外活動

ずっと言い続けてきたのですが、集団的自衛権の行使を含め、海外での武力行使に道を開くのなら、9条の改正によるべきですし、それが政治の王道です。今回の解釈変更が9条の枠内に収まっているのかどうか、つまりは立憲主義に反しないかどうかを審判するのは国民の一票しかありません。

とはいえ、選挙の争点はこれだけではないでしょうから、国民にとって大事なことは、今後、新たな安保法制に基づいて行われる個々の自衛隊の海外活動が法律に適合しているか、そしてわが国として必要なことなのかどうかを監視していくことでしょう。安保法制は、集団的自衛権の行使を含めて、自衛隊の海外活動を義務付けているわけではなく、これらを行うことができるということでしかあり

ませんから。（聞き手　卯城公啓）

（2016年5月号）

戦争法廃止へ 市民の運動は歩みを止めない

市民連合呼びかけ人（5団体有志）

中野 晃一さん

なかの・こういち
1970年、東京都生まれ。上智大学国際教養学部教授。政治学。立憲デモクラシーの会よびかけ人、安保法制の廃止と立憲主義の回復を求める市民連合よびかけ人(5団体有志)。主な著書に『右傾化する日本政治』(岩波新書)、『戦後日本の国家保守主義―内務・自治官僚の軌跡』(岩波書店)など。

――5野党合意ができ、野党統一候補も各地で実現しています。これを受けて、どう取り組むのですか。

中野　野党共闘は、市民の運動が背中を押し、実現したものと考えています。野党共闘を守り、発展させてゆく新しい段階になりました。大切なのは、政党任せにしないこと、市民社会こそが政治の主人公だということではないでしょうか。いつも野党を監視し、後押しし、一緒にたたかう、私たち市民自身が市民運動を継続し、選挙にも取り組んでゆくことが大切だと思います。市民運動を分断させないこと、そのためにはお互いの違いを認め、尊重する、リスペクトする、他者性を持った運動を心がけていくことだと思います。

説得力ある野党共闘へ

――野党が共同して政治を変えるという運動をすすめるうえで、政策の一致や合意をあいまいにしたまま〝ともかく大きい野党に一本化して〟という意見を克服することが大きな課題と考えてきました。しっかりとした野党合意を求めた市民連合はこの面でも、大きなイニシアチブを発揮されたように思います。

中野　一致点が明確な説得力ある野党共闘を実現し、自公政権と正面から対決しないなら、国政選挙で惨敗すると考えていました。これまでともかく巨大な与党勢力に対処するということで、とりあえず非自民の結集などというやり方をして日本の右傾化を許してきた、そういう負の歴史から学ばなければならない。しかもいま、そこから脱却するチャンスを市民の運動がつくりだしたということが大切です。

平和主義が生き返った。ここしばらく「平和主義」などと言うと非現実的で陳腐なものと揶揄《やゆ》する風潮があったが、平和主義こそ現実的な政策だと生き返った。民主主義、立憲主義という言葉が響き、憲法は単に守るものでなく、育んでいくものという姿勢が生まれた。今後の日本の進路を示す新しい対決軸を打ち立てるときです。安保法制（戦争法）廃止、集団的自衛権容認の閣議決定の撤回、個人の尊厳を守る政治の実現を明確にかかげて安倍政治に対峙するしかないし、それができる状況を戦争法反対の運動がつくりだしたのです。

なぜ個人の尊厳か

――戦争法廃止にとどまらず、立憲主義の回復、さらに「個人の尊厳」を擁護する政治をかかげたことに、注目しています。

中野　「個人の尊厳」こそ、根本を貫く考えといえます。総がかり行動実行委の方たちと一緒に運動できたことが大きかった。戦争法反対の運動の土台には、営々と平和やくらしのためにがんばってこられた各分野の運動が存在した。とくに3・11以後、原発ゼロでの新しい運動が生まれ、各分野での共闘がひろがった。原発、辺野古、ＴＰＰ、労働法制……、こうした運動が結集され、安倍ＮＯを共通目標とする潮流が誕生していた。

　これらのシングルイシューはまさに安倍政治による個人の尊厳のじゅうりんそのものなんですね。その最たるものが戦争法です。個人の尊厳を求めるたたかいは、国民の中に根を深く広く張っている。だから私たちの運動は決して一過性のものでない。私は、もともと大企業の利益のために個人の自由を奪う新自由主義にたいする反対軸として、個人の尊厳ということを考えてきましたし、この概念は、カトリックから共産党まで包摂《ほうせつ》できるものだと思います。個人の尊厳を結集軸にして、いわゆるリベラル左派と共産党が共同する道を開くことによって、80年代からの社公民路線、共産党排除などという歴史を乗り越える画期的な流れが生まれると展望しています。

一人目のランナーに敬意

〜「敷き布団」の話を聞かなければ、中野先生へのインタビューは終われません。

中野　「敷き布団」というのは、雨のなか総がかり行動実行委の国会行動であいさつするとき、思わず口に出た言葉です。ＳＥＡＬＤｓなどいわば「掛け布団」がマスコミで注目されてきましたが、ずっとたたかってこられた労組、民主団体の人達に敬意を表しなければ、という思いがありました。平和フォーラム、全労連などの人たちが過去のいきがかりを横に置き、共同したからこそ、それを土台（敷き布団）に多くの市民が集まることができたのです。そして60代、70代がバトンをもち続けたからこそ、若い世代が引き継げるのです。

日本社会ではまず最初に声を上げる人は、差別され、攻撃されることも多く、大変です。そういう一人目のランナーがいたからこそ、あとに続くことができたのです。ＳＥＡＬＤｓもすぐに中高年になりますよ。今度は彼らが「敷き布団」となり、世代を引き継いで歴史をすすめてゆくでしょう。市民社会は歩みを止めません。（聞き手　乾友行）

（２０１６年4月号）

「3・11」から5年 〝末期資本主義〟をラディカル《根源的》に生きる

料理研究家

枝元 なほみさん

えだもと・なほみ

1955年、神奈川県横浜市生まれ。明治大学文学部英米文学科卒業後劇団の研究生になり、役者をしながら無国籍レストランで働く。劇団解散後、料理研究家として仕事を始める。農業支援活動団体チームむかご代表理事を務める。東日本大震災後の被災地支援の活動（にこまるプロジェクト）も同法人で行っている。

東日本大震災と福島原発事故の直後、私もすごく不安で怖かった。むちゃくちゃ放射能が飛んでいる時でした。縮こまるようにして家にこもり、何ができるんだろうと考えても、節電と募金しかできない。でも、ツイッターを眺めていて、被災地に食料を運ぶトラック便がでるという情報を得ました。パンなど、いろいろなものを作って送りました。周りの人も手伝ってくれるようになり、誰でも作れて日持ちのするクッキーを送ることにしました。これが丸い笑顔の「にこまるクッキー」の始まりです。

手でころころ転がして丸めていると、手のひらから落ち着いてきて不安も薄らぎました。本当によかった、「にこまる」に自分も助けられた、と思いました。

戻ってきた笑顔――食べ物ってすごいな

4月になると、トラック便が減り、避難所生活に仕事の楽しみをと思い、作り手を被災地の方にお願いすることにしました。楢葉町《ならはまち》の原発被災者の方のいる会津美里町《あいづみさとまち》の避難所では、子どもたちがクッキーをうんちの形にしてはしゃぎ、おかあさんたちは、怒った顔では笑った顔のクッキーはできないと自然と笑顔に。美里町役場の方に「被災者の方たちが笑うのを初めて見た」といわれて胸がいっぱいになりました。高校生の男の子にも「にこまる」作りをお願いしました。自分たちもたいへんなのに「いいいっすよ」、避難所の方に喜んでもらえたと伝えると「よかったっす」……。

津波被害の大きい大槌町《おおつちちょう》では、あまりの静けさに戦争の後のようだと思いました。そこでは肉親を亡くされて悲しい思いをされた方3人と作りました。泣いていた顔も作ったクッキーを食べると、「おいしい」と表情が変わります。食べ物ってすごいなと思いました。

あれから5年。私はいま「なめてんじゃないよ」といいたい気持ちです。安倍さんたちは、あれだけ高い代償を払ったのに原発を再稼働させています。福島のことを考えたらあり得ないはずなのに、いつ大地震が来てもおかしくないといわれているのに。しかも原発をよその国にまで売ろうとする。ＴＰＰ（環太平洋連携協定）もそうです。「亡国」です。国家主権がなくなっていき、日本の農業が壊れてしまいます。

社会を変える最後の砦は私たち

安倍さんの政治も原発もＴＰＰも、〝末期資本主義〟の表れでしょうね。権力者や大企業は、どれだけ自分の欲のために人を犠牲にしていいと思っているんだろう。どれだけ嘘をついていいと思っているんだろう。政府はどれだけ、バカな企業を助けるのだろう……。日本の現状は最悪で、安倍さんには「さん」づけするのも悔しい思いがします。

原発もＴＰＰも戦争も、「食」にかかわることです。第2次大戦で日本軍兵士の死の原因の多くが飢えでした。いま、1％の人が99％の富を得、残り1％の富を99％の人たちで分け合うような世界で、食べ物を捨てる人がいて飢える人がいる。食べ物をないがしろにするということは、生き物として最低だと思います。大量生産・大量消費・大量廃棄のループからもう抜け出さないといけない。

フランスでスーパーの食品廃棄を禁止したというニュースを聞いたとき、遺伝子組み換え食品の種を扱うモンサント社がＥＵ（欧州連合）から撤退を余儀なくされたニュースを聞いたとき、「よしっ」と思いました。最後の砦《とりで》はふつうの消費者なんだなと改めて思いました。資本主義の世の中ではお金を払う私たちがちゃんといやだということで社会の方向を変えられると思います。ごはんを食べてふつうに生きていく人たちが一番偉いと思うのです。そこが礎《いしずえ》です。

「おかしい」とふつうに話せる空気を

専門家と呼ばれる人にどれだけ嘘つきが多いかということを３・11で学びました。でも私たちは、まだ勉強して知識をもってからでないと発言してはいけないとみなが思っているのではないでしょうか。私は、生き物としての直感で「体に害があるのをだれか隠そうとしていない？」「この期に及んで再稼働ってふつうに考えておかしくない？」とみながふつうに言える空気をつくっていくことが大切だと思います。「子どもたちに残しておくべき資源を先取りでどんどん使ってしまう、再稼働などという危険を子どもたちに残していくってふつうに考えておかしいんじゃないの？」と。

３・11以前は原発の問題もだれかに委ねて、当事者意識が薄かったと思います。

社会学者の宮台真司さんの「まかせて文句言う社会から、引き受けて考える社会へ」の言葉どおり、だれかに任せてアベがだめと文句をいうだけではだめで、ちょっとずつ自分のできることを考えたらいいと思います。私たちが社会の最後の砦ですから。私も、〝末期資本主義〟の中で、「食べること」という人間の根源にたえず立ち戻って物事を考え、「急進的」の意味ではなく「根源的」の意味でラディカルに生きたいですね。（聞き手　吉柴伸子　卯城公啓）

（2016年3月号）

問われる〝民主主義って何だ〟

帝塚山学院大学教授（社会学）

薬師院 仁志さん

やくしいん・ひとし

1961年、大阪市生まれ。著書に『日本とフランス　二つの民主主義』（光文社新書）、『民主主義という錯覚』（PHP研究所）、『社会主義の誤解を解く』（光文社新書）、『政治家・橋下徹に成果なし。』（牧野出版）など。“橋下維新”批判の論陣をはり、『橋下主義を許すな』（ビジネス社）、『奴らハシズムを通すな』（大阪革新懇）、『改革詐欺―橋下維新の検証』（「豊かな大阪をつくる」シンポジウム実行委員会）などに論考が収められている。

僕は大阪で橋下維新を批判してきましたが、ここのところアベ政治が〝橋下〟化しているな、との印象を強めています。

〝橋下〟化すすめるアベ政治

橋下政治は、市民や国民の願いから出発するのでなく、勝手に大阪都構想などをぶち上げ、それを「改革だ」「改革だ」と叫んで、賛成か反対か迫るのが手法です。市民を分断するやり方です。しかもその政策の内容が空虚ということに特徴があります。

大阪都構想も最初の堺市との合併を言い出したころと随分、変わりました。特別区設置協定書もボロボロ欠陥が指摘されましたが平気でした。安倍首相が戦争法案の必要性を宣伝するために持ち出した、邦人救護やホルムズ海峡機雷掃海などの事例がまったく成り立たなくなりましたが、平気だったのも共通していますね。中身などどうでもいいのです。「改革だ」「挑戦だ」と叫ぶ。この政治の手法と中身の空虚さに危険を感じます。

こんな橋下流の政治を支持する層があることを深く考えなければなりません。もちろんいろんな要因がありますが、コアな支持層は、〝勝ち組〟、正確にいえば〝勝ち組と思いたい組〟です。新自由主義的な志向がある層、自分たちは重い税金を取られている、公共サービスの恩恵など受けていない、自分たちの税金を生活保護など余計なものに使うな、という気分ですね。

幸福になるには何が大切か

自分が幸福になるには、何が最も大切か。それは、どんな社会で暮らすかということだと思います。自分が幸せになるためには、何よりも自分たちの国や町がよくならなければならない。ところがこの発想が欠けている人は、自分の「幸福」しか考えない。公共が眼中にない。公務員など減らせ、議員など減らせ、税金を安くして自分のカネだけで自分を守ることに汲々《きゅうきゅう》とすることになってしまう。ここに橋下流の政治が入り込むのです。

結局、民主主義が問われている、と思います。民主主義って、自分たちが国の主人公になる、ということです。僕はフランスにいましたが、普通の家庭でも、どこでも、みんな政治を身近なものとして話し合っていた。高校生がデモに行くのは当たり前だし、それをみて親や先生が「どうだ。これでわが国の将来も安心だ」と言っていた。

意見の違いを認め合ってこそ

ところが日本では、政治が身近に感じられない。議員を減らせなんて、自分たちの代表はいらない、と言っていることですよ。イギリスのチャーチスト運動で選挙権拡大を求めたとき、要求したのは議員報酬の保障ですよ。金持ちだけでなく俺たちの代表も議員になれるようにせよ、ということです。公務員を減らせ、なんて自分たちの公共サービスを減らせ、と言っていることですよ。結局、政府を

薬師院仁志

信じられないからですね。自分たちが政府をつくる、政治を動かすという発想がないからです。でも、それが民主主義なんですよ。

民主主義は異論を受け入れる。それは、いい社会をつくろうという共通の土台があるからです。「フランス共和国」と訳していますが、言葉の意味は「みんなのフランス」ということですよ。わたしたちの国の政治はわたしたちが議論して動かす――こういう土台のうえで、語り合うのが、民主主義です。

ところが橋下・アベ政治は異論を敵とみなし、攻撃し、議論を成り立たせない。いま橋下流、アベ流の民主主義を否定する流れと民主主義派との対決軸が浮き彫りになってきているように見えます。オール沖縄のたたかいも、大阪での反維新の取り組みもそうでした。

戦争法反対で若い人、ママさんをはじめ普通の市民が街頭に出て、声をあげだした。大阪でも住民投票で庶民が立ち上がり、手作りのチラシをまいた。政治を自分たちが動かすことができるという流れが生まれている。すごい経験をした。この新しい芽に希望を持っています。（聞き手　乾友行）

（２０１６年2月号）

主権者が政党政治変える2016年に

政治学者

山口 二郎さん

やまぐち・じろう

1958年、岡山県生まれ。法政大学教授。東京大学法学部卒業後、同大学助手、北海道大学教授などをへて現職。主な著書に『いまを生きるための政治学』(岩波書店)、『政権交代』(同)、『「開戦前夜」のファシズムに抗して』(共著＝かもがわ出版)など。立憲デモクラシーの会共同代表として、戦争法反対・廃止の運動の最前線に立つ。

――戦争法反対の国会前集会で、山口さんの力強い演説が人々を奮い立たせました。山口さんを行動に駆り立てたのはなんでしょう。

山口　安倍政権が日本を壊すことへの危機感ですね。安倍政権は、自民党のかなりの部分も含めて「憲法9条の枠内で」「海外で武力行使しない」と了解してきた戦後日本の破壊者、民主主義に対する反動・反革命の政権だと思います。

罪滅ぼしの気持ちもありました。私は、民主党を応援して2009年の政権交代の道筋をつける側にいました。ところが民主党政権が、ある意味では理念が欠けていたこともあって権力を担い切れずに崩壊し、安倍を登場させてしまった。国民の側に、理想を追求しても空《むな》しいというあきらめが残り、権力を担えるのはやはり自民党だ、安倍だという気分を生じさせた。私は、責任をとって安倍政権とのたたかいの正面に立たなければならない、と思ったわけです。

民主主義……政治と社会の重なり合い

――安倍政権に対抗する運動が広がる2015年でした。とくに若い人たちの中で。

山口　そうですね。安倍的なものは、戦争体験のない人たちの観念的な国家主義から出てきた。しかし他方、憲法9条が世代を超えて定着し、9条の理念が若い人たちに受け継がれていました。そこに希望を感じます。

私は、民主主義の重層化が進むと考えています。政党政治のレベルと社会のレベルの民主主義の重なり、広がりです。社会とは主権者、市民。政党はその代表ですから、主従関係では社会が主、政治が従です。戦争法反対の運動では、社会で人が動き声をあげ、それによって政党も変わり鍛えられました。政治学者の意見では変わらなかった民主党も変わった。国会前の集会で社会の息吹を感じた政治家が、民主主義の感覚を取り戻していったのです。

民主主義……広がり多層化する担い手

社会の側でも、地域では北海道から沖縄まで、学生、母親、10代の子どもまで、平和と民主主義の担い手が多層化しました。

2009年の政権交代のころは、政治学者や報道人の多くが社会の存在を見落とし、永田町の政党政治ばかりに目を奪われ、「政治主導」の改革をあおりました。主権者不在の宙に浮いた「政治主導」の行きついた先が、安倍独裁です。

――2015年を振り返ると、どういう年だったといえるでしょうか。

山口　まず、戦後70年の節目の２０１５年は、戦後政治の分かれ道の年でした。安倍政権が進める、新自由主義と結びついた新しい権威主義・国家主義か、戦後民主主義の次世代へのバトンタッチ・リニューアルか。私は前途を楽観していません。しかし、戦争を知らない世代から生まれた新しい民主主義の担い手に期待します。戦争法は成立させられたが、彼らは運動が終わったとは考えていません。11月14日のシールズ東海の街頭宣伝で私も話をしたのですが、雨の中３５００人も集まり、その熱気にびっくりしました。

変わる……永田町に任せない

21世紀の15年を考えると、小選挙区制にもとづく2大政党制の試みは、ことごとく失敗したと認めざるをえませんね。小選挙区制で水膨れした自民党を権力基盤に安倍政権が独裁化し、戦争法が出てきた。そして民主党は、よりリベラルな政党に脱皮するのか、自民党の2軍になるのか、いま問われています。

もう一点、２００９年の政権交代以来の流れの中で２０１５年を振り返ってみましょう。あの政権交代は、永田町のパワーゲームに終わりました。民主党政権が失敗すると、政治に対する国民の期待水準が低下していきました。しかしいま、戦争法をめぐって多くの人々が再び政治と向き合うようになり、パワーゲームに任せず、自分たちで政治を変えていこうとする主権者が力をつけてきた。そこが大きな変化ですね。

変わる…野党は共闘、与野党逆転を

――では、16年の展望をどう描いていますか。

山口　戦争法反対の運動の中で生まれた新しい民主主義の機運を、政党政治にどうつないでいくか。それが最大の課題です。戦争法廃止で野党が共闘し、夏の参議院選挙で与野党逆転を実現しなければなりません。共産党の「戦争法廃止の政府」提案は、よくここまで踏み込めたと思います。ほかの野党も、共産党のような捨身の提案を示してほしい。

草の根の決戦の年でもある。「憲法改正」を唱える右派勢力が、草の根の運動に乗り出していますから。

私も、〝与野党逆転へ、市民主導の参院選のたたかいを構築する〟くらいの覚悟で２０１６年に臨みたい。物事を事後に分析するのは学者の大事な仕事ですが、重大な分かれ目のいま、平和が、民主主義が、日本が、目の前で壊れていくのを座視してはいられません。（聞き手　卯城公啓）

（２０１５年12月・16年１月合併号）

【寄稿】「微力」が積み重なることでこそ社会は動く

SEALDs：自由と民主主義のための学生緊急行動

諏訪原 健さん

すわはら・たけし

1992年生まれ。筑波大学大学院教育社会学専攻。

自民党はパリのテロを受けて共謀罪にまで言及するようになった。特定秘密保護法や安保法を念頭に置いた上で、今後この社会に何が起こるのだろうかとあれこれ想像してみると、「戦争」による窮屈で不自由な社会の到来も、あながち空虚な妄想とも言い切れない気がしてどうも恐ろしい。

幼い時、祖父が電話越しに「戦争に幸せなどない」と語っていたことが強く思い出される。私たちは、たとえ少しずつだとしても平和主義を取り戻していかねばならない。

※

そのための第一歩として、まずは安倍政治を止める必要がある。「平和」の名の下で「戦争」を推奨し、「公の利益や秩序」の名の下に「個人の尊厳」を軽視するような者に、これ以上この国の舵《かじ》取りをさせてはならない。7月の参院選はそのためのキーポイントになる。十全な野党共闘と市民の連帯を実現させることで、ひとまずねじれ国会を作り出すことから始めなければならない。

しかし選挙で勝ったからといって、平和主義が取り戻せるわけでも、この社会が良くなるわけでもないということを、私たちは頭に入れておかねばならない。

※

選挙の勝敗に一喜一憂するだけで、自ら何かを為そうとしない態度が、今の社会状況を生み出した

諏訪原　健

ことを、私たちは痛切に反省する必要がある。

重要なのは平和や、個人の尊厳を重んじる文化を、この社会にきちんと根付かせていくことだ。それは容易なことではない。微力過ぎる自分に何ができるのだろうと絶望することもある。しかし多くの人々の「微力」が積み重なることでこそ社会は動く。2015年に沸き起こった運動の中で、私たちはそれを実際に経験している。十分に希望はある。

※

私はこの社会が、人に優しい社会であってほしいと思う。どのように生まれ育ったとしても、尊厳が守られ、自由な人生を歩める社会になってほしいと思う。現実は厳しいかもしれない。しかしできることから行動し始めたい。あなたにとっても、何かを始める2016年になればと思う。

（2015年12月・16年1月合併号）

私は「戦争反対」の塊《かたまり》だ

俳人
金子 兜太さん

かねこ・とうた

1919年、埼玉県生まれ。戦後を代表する俳人。東大卒業後に日本銀行に入る。海軍主計中尉としてトラック島（現ミクロネシア連邦のチューク諸島）に赴く。戦後は日銀の労働組合の専従事務局長も務める。62年に「海程」の創刊に加わり、のち主宰。87年から「朝日俳壇」選者。一茶や山頭火の研究でも知られ、句集に『少年』『詩經國風』『日常』など多数。

――2015年、多くの人びとが金子さんの書「アベ政治を許さない」を掲げて戦争法反対のたたかいに参加しました。

金子 うん、あれは澤地久枝さんから電話で依頼されてすぐに書きました。一気に書いた。その呼吸がよかったんじゃないかな。生きている字が大事ですから。みなさん誰でも自分の意思を示す機会がほしい。そこへちょうどいい形で提供できた。毛筆で目立ちますし、持っている人をみると仲間と出会えた気もする。プラカード式のものの画期的な使い方ですね。なんだか、気持ちよさそうに持って歩いている人が多いな。

私にとっても、自分の存在証明みたいになっちゃった。あれを書いてひどく男が上がって、私もいい気持ちなんですけどね。

――「アベ」。漢字はもったいないからと軽い感じのするカタカナをあて、話題になりました。

金子 アベという人は、どうもやることが薄汚い。「経済成長」というふれこみで国民にエサを与えるようにごまかしておいて、急に憲法9条を骨抜きにする戦争法を持ち出したりする。

私は月に一回、仕事で朝日新聞に行きますが、右翼がアベの後ろ盾みたいな面《つら》をして「朝日新聞は反省しろ」などと大きな声を出している。アベはこんな駄々っ子のような連中の上に乗っかって政治をやっているんだと思うと、余計いやになりましたね。しかも、今は絶対多数派ですからおもしろくて仕方ないいんでしょう。なにか思いつくとすぐに、国民のためにならん政治を脈絡もなしにぬけぬけとなんでもやろうとする。なんとも、ヘンな人が総理大臣になったねぇ。

アメリカは、そんなアベに利用価値を認めているのでしょう。いいように利用している。アメリカの戦争に巻き込まれないか心配です。アベ政治を変えないと、非常に危ない状態になりますよ。

――アベ政治を許さない人々の共同、革新懇への期待も大きい。

金子　私は党派というものは眼中にないんですが、共産党の志位さんはなかなかの人ですね。演説でも質問でも論理がまとまっているのは、誠実だからですよ。おっちょこちょいで乱暴な野郎は論理を整えることをしない。いい加減なことをしゃべって、人が分からないとおしまいだし、分かると〝オレはそんなこといってねえ〟だ。

アベ政治を根本からぶち壊す力を考えると、志位さんなどががんばって、民主党も含めた大きな戦線が張られると違ってくると思うなあ。

だから、お互い思想が違っていても共同行動をとろうと運動している革新懇には、実は非常に期待しているんです。国会前に集まって生意気に一人ひとりが大きな声をだしている若い連中も、えらいもんだ。市民が政党を呼び込んで議論し連携を広げ、政党を鍛えてゆく。そのためにも革新懇なんて大事な存在ですよ。

――「梅咲いて庭中に青鮫が来ている」（句集『遊牧集』から）

金子（縁側越しに眺めながら）この庭の梅が咲いて詠んだ句です。そのころ、庭の空気が青くなる。アメリカのある俳句研究者が、〝トラック島の海に沈んだ日本兵を食った鮫《さめ》を頭においてつくった句に違いない〟と評しましてね。いわれてみれば、その通りだ。その残酷な海の生きものと赤道直下の海のひろがりが、この句とともにある。

私は、「戦争反対」の塊です。トラック島の体験がありますからね。本土からの補給は全くなく、餓死が日常だった。200人の兵と工員（軍属）を連れて薯《いも》つくりをやったのだが、その人たちを飢えさせないよう懸命でした。米軍機グラマンの機銃掃射で腕を失った部下、軍工作部試作の手りゅう弾の実験で爆死した部下もいましたよ。戦争というものほどばかばかしくて無残なことは、世の中にない。

ところが、戦争は美談の世界だと考える人もいる。それにつながる話でしょうが、ユネスコが「南京大虐殺の記録」を世界記憶遺産に登録したら、アベ自民党の幹部が面並《つら》べて、〝カネを出している日本に対しユネスコはけしからん〟。いかにも、わいろでもって政治をするのに慣れっこになった彼奴《きやっ》らの体質が出ていて、笑ってしまったよ。

——「水脈《みお》の果《はて》炎天の墓碑を置きて去る」（句集『少年』から）

金子　18歳で俳句をつくり始めて78年です。俳句の歴史の中では、芭蕉ほどの徹底もできず二流だな。「戦争反対」しか取り柄がない。

もっとも印象深い自作を一句あげると、いまならやはり、「水脈の果……」ですね。戦争が終わってアメリカ軍の捕虜になっていた私が、トラック島から最後の引揚船に乗って帰国するとき詠んだ。非業の死者への鎮魂と、高まる反戦への意思を込めた句です。私は90歳になったとき、まだ生き残っている者として「戦争は悪だ」と知っている限りを話し続けよう、それを自分の仕事にしようと決めました。（聞き手　卯城公啓）

（２０１５年11月号）

普遍のメッセージ
誰の子どもも殺させない

「安保関連法に反対するママの会」発起人

西郷 南海子さん

さいごう・みなこ

京都大学大学院生。3児の母。神奈川県鎌倉市育ち。小学生のころから歴史や社会問題に関心をもつ。4年生のとき、父親が買ってくれた手塚治虫『アドルフに告ぐ』を読み、反戦運動について考える。憲法前文に感動したのは6年生のとき。大学入学後はさまざまな社会活動にかかわり、2012年から家族で歩く「コドモデモ」で原発反対などを訴える。

9月17日のその時は、保育園に子どもを迎えに行っていました。家に帰ったら、テレビが〝午後4時半ごろ安保法案採決〟という参院特別委員会のもようを報じているじゃないですか。なんだこれは。「採決」といわないでほしい――。今日は「クーデターが起きた」と記録される日だ、と思いました。

「安保関連法案に反対するママの会」をつくるきっかけは、6月にママ友とご飯を食べている時の会話でした。「安保法案、強行採決されるね」「何かしようよ」。フェイスブックで「ママの会」のページを7月4日に立ちあげました。3・11大震災の半年前の9・11に生まれた娘に背中を押された気もします。彼女なりに安保法案の話題に敏感に反応していたのでしょう。5月ごろから、寝る前に「ママ、戦争にならない？」とよく聞いてきたのです。

私には、「ならないから大丈夫」といい切る自信はありません。フェイスブックで賛同人がふえたので、「これだけの人が集まって戦争に反対しているんだよ」と娘にいうと、問い返してきました。「どこに集まってるの？　なんだ、フェイスブックかぁ」って。これじゃだめだ、じゃあネット空間を出て日本一大きい交差点のある渋谷に集まろう。というわけで開いたのが、全国から2000人が参加した7月26日の「ママの渋谷ジャック」です。すでに、学生も学者もがんばっていました。ママは学生や学者よりずっと数が多いぞ、私たちが立ち上がると大きな力になるぞ。そんな思いもありましたね。

いま、ママたちは自分の生活で手いっぱいです。忙しい。子育てはしんどい。私も、一生懸命つく

西郷南海子

った食事をひっくり返されたりして……。でも、子どもを放り出しません。なによりも大切な存在ですから。なのに、戦争する国をつくりたがる権力者や武器を売ってもうけたい財界は、子どもたちを自分のコマとしか考えていないのではないでしょうか。私たちは、こんなにがんばって育てている子どもの命が誰かの利益のために消費させられる、「戦争する国」を拒否します。

中国とたたかう？　でも、たたかう若者本人にとっては、なんの利害関係もない争いでしょう。それは、中国の若者にとっても同じでしょう。

武器を運ぶ……その先に何が？

ママの会の合言葉「だれの子どもも　ころさせない」は、フェイスブックのやりとりから、あるママの提案で生まれました。日本の若者も、アメリカの若者も、中国の若者も、殺させない。戦争の本質をつき、国境を超えてママたちがつながりあえる、普遍的なメッセージだと思っています。

トルコの浜辺に遺体で流れ着いたシリア難民の子どもの後ろ姿が、私の2歳の息子にそっくりなんです。なぜ、こんな不条理なことが起きるのか。アメリカのイラク戦争で中東が混乱してしまったからです。日本もアメリカのイラク戦争を支持し、加担したではないですか。これ以上、過ちを繰り返してはなりません。アメリカの武器を輸送するだけならいいのでしょうか。自衛隊が運ぶ武器で、若者や子どもが殺されます。自衛隊員も相手から敵とみなされ、命がねらわれます。これが戦争です。

市民、政党……力合わせ廃止へ

安保法案は成立させられましたが、「安保関連法案に反対するママの会」は、「案」の字を取ってこれまで以上に活動を続けます。「戦争する国」への一つひとつの表れに、「違う」といい続けたいですね。そして、共産党も戦争法を廃止する政府をつくろうと野党や幅広い人びとによびかけましたが、力を合わせて本当に廃止させましょう。

会の賛同人は2万2千人を超え、38都道府県に会ができました。フェイスブックでママたちは、「負けた気がしない」といっています。生活と子育てがたいへんで声をあげられなかったママたちが、声をあげ始め、声をあげることで周りも変えられる手ごたえをつかんでしまった。安倍政権が、そうさせたのです。あるママは、「世界が前とは違ってみえる」といいます。生き方が変わったのでしょう。立ち上がったママたちは、もう引き返せません。（聞き手　卯城公啓）

（2015年10月号）

西郷南海子

「総がかり」で戦争法案を絶対阻止しよう

フォーラム平和・人権・環境代表

福山 真劫さん

ふくやま・しんごう

1947年、三重県生まれ。70年大阪市役所に就職、市職員労働組合役員歴任、92年自治労本部中執、副委員長、書記長を歴任。2002年、フォーラム平和・人権・環境（平和フォーラム）事務局長、以後、共同代表、原水爆禁止日本国民会議代表。戦争をさせない1000人委員会のよびかけ人、戦争させない・9条壊すな！総がかり行動実行委員会で活躍。

戦争法案は絶対に阻止しなければならない――。その思いにつき動かされ、「戦争をさせない1000人委員会」の私と「解釈で憲法9条を壊すな！実行委員会」の高田健さん、「戦争する国づくりストップ！憲法を守り・いかす共同センター」の小田川義和さん（全労連議長）らが話し合いと同時に共同行動を重ねました。そして、これまでなかなか超えられなかった運動の分岐を乗り越え、「戦争させない・9条壊すな！総がかり行動実行委員会」をつくることができました。画期的だと思います。

危機意識に突き動かされた

戦争法案を許すなら、専守防衛を投げ捨て、本当に日本は戦争する国になる。アメリカの戦争に地球規模で参加することになる。9条を壊し、立憲主義を否定する。これだけは絶対、止めなければならない――。強い危機意識がありました。これまで平和運動に取り組んできた私たちには、局面、局面のたたかいで負けても、運動を総括してまた引き続いてたたかえば、よしとするところがあったのではないでしょうか。しかし、今度のたたかいは、それでは許されない。私にはそういう強い思いがありました。

市民、市民運動に歓迎された運動の協力と共闘

私たち平和フォーラムは、戦後日本の平和と民主主義を守るたたかいの一翼を担ってきたと自負し

福山真劫

ています。全労連や革新懇の人たちもそうでしょう。しかし、平和運動、原水禁運動、民主主義のたたかいのさまざまな局面で、運動が分岐していった。私たちには私たちの言い分があるし、あなたたちにもあるでしょう。それをいま議論するのでなく、いま大切なのは、分岐と分裂を繰り返してきた日本の社会運動が、「戦争法案廃案」で一緒に協力、共闘することだと決断しました。島ぐるみの沖縄のたたかいも背中を押したといえるでしょう。この決断は、市民運動の人たちに歓迎されました。大英断と言ってくれた人もいます。この間の運動の高揚をみれば、本当に「総がかり」に踏み出して良かったというのが実感です。いま市民のなかで多くの自発的な運動が生まれていますが、大きな盛り上がりをうみだすことに貢献していると思います。

「総がかり」というのは、統一行動とあわせて、たたかう「主体」を総がかり体制にする、というイメージですね。

画期的取り組みは今後につながる

「総がかり」で、いっそう大きなたたかいをつくりだし、絶対に戦争法案を阻止したい。そこに総力をあげます。力を注いだ「8・30国会10万人全国100万人大行動」の成功をバネにさらに運動を広げたい。

同時に「総がかり」は、今後の各分野のたたかいにも、影響を与えずにはおかないでしょう。結集している各勢力、各団体は、辺野古新基地建設反対にも取り組んでいるし、原発反対にも力を注いでいる。ＴＰＰ（環太平洋連携協定）に反対している。格差と貧困の解消に取り組み、新自由主義的な路線ともたたかっている。戦後70年談話で問われる歴史認識も重視している。こうした安倍政治と対決する多くの重要課題も、「総がかり」の視野に入らざるをえないでしょう。実際、９月12日の辺野古新基地建設反対の国会包囲行動にも「総がかり」が協力することになりました。

いま戦争法案を廃案に追い込む可能性が生まれているし、そこに全力をかたむけています。そのなかで政党との連携も重要な分野です。民主党、共産党、社民党など野党と連携を強めていますし、いっそう発展させたいです。

今後の運動の発展方向も問われるでしょう。安倍打倒が共通のスローガンになってひろがっていますが、さらにそのあとの政治の展望ということまで視野をひろげた議論も必要になってくるかも知れません。どういう形になるかは別として、いま私たちが取り組んでいるたたかいのなかから、日本の未来を切りひらく主体が生まれてくると希望を持っています。（聞き手　乾友行）

（２０１５年９月号）

医療破壊からはじまる戦争できる国づくり 安倍政権に〝バチの襲来〟を

ジャーナリスト

堤 未果さん

つつみ・みか

東京都生まれ。ＮＹ市立大学大学院国際関係論学科修士号修得。国連、証券会社を経て現職。以後日米を行き来しながら執筆、講演、メディアで発信。2006年『報道が教えてくれないアメリカ弱者革命』（海鳴社）で黒田清ジャーナリスト会議新人賞を受賞。08年『ルポ　貧困大国アメリカ』（岩波新書）で日本エッセイスト・クラブ賞、新書大賞を受賞。他の著書に『沈みゆく大国　アメリカ』《アメリカ編、日本編の２部作》(集英社新書)がある。

「戦争できる国」は安保法制以外からもやってきます。今日本で最も警戒しなければならない戦争への入り口は「経済徴兵制」です。

アメリカでは政治によって作り出された貧困の連鎖から抜け出せず、将来の選択肢を奪われた国民は自ら入隊しています。この仕組みを私は「経済的徴兵制」とし、『貧困大国アメリカ』という本にまとめました。アメリカ人の自己破産理由のトップは「医療費」です。日本では医療は「社会保障」ですがアメリカでは「商品」。高すぎる保険料と医療費が、医産複合体へ莫大な利益をもたらす一方で、国民は適切な医療を受けられず、命を落としているのです。

国の最大の財産は人間です。不況下ほど、政府は国民を大切にしなければならないはず。金融危機で莫大な借金を抱え、金貸しのＩＭＦ（国際通貨基金）のいいなりになって医療費を削ったギリシャと、国民の健康を最後の社会的連帯資本として医療費を増やしたアイスランド。前者は破たんし、後者は財政再建を果たした。対照的なこの２カ国をみると、経済成長も国民のいのちと健康があってこそだという事がよくわかりますよね。

これは遠い海の向こうの話ではありません。何故なら今、日本の私達の足元にも火がついているからです。

取り返しのつかない貧困に

いま、安倍政権の安保法制に世論の関心が集中しているそのかげで、実は医療に関する規制緩和が急速に進んでいるのをご存知でしょうか? TPP(環太平洋連携協定)と「国家戦略特区」は、日本の医療制度を外資へ売り渡し、大規模な貧困をもたらすでしょう。これを推し進めているのが、「経済財政諮問会議」です。メンバーには経団連所属の財界人がずらりと並び、医療や介護の現場の人間や患者、労働者、教育関係者などは入っていません。ここで出された政策が、安倍首相が議長の閣議で決定され、そのまま自公が多数を持つ国会で法律として成立する。まさに財界と総理のフリーパスです。そして医療も介護も労働も教育もビジネスにしてゆく法律がどんどん決まっている。野党も国民も手が出せない。どれだけ安倍総理を叩いても、この「しくみ」にメスを入れない限り、日本の貧困大国化はとめられません。

地域運動が政治動かすカギ

政府と財界の癒着が肥大化する中、抵抗運動の鍵を握るものはなんでしょう?

欧州には、「権力という大きなライオンには、トラとしてではなく、ハチの大群のような住民運動で抵抗せよ」という言葉があります。例えばEUでは、高い毒性を持つネオニコチノイド農薬禁止のために、市民が各地域で地元選出議員を訪問し、電話、手紙、メールなどで持続的に働きかけました。ついにEU議会で禁止が実現した時、EU議員の「市民の細かくしつこいこの運動は、農業ロビイストより怖ろしい」という言葉を、私はいまも忘れられません。

「戦争させるな」、「医療を守れ」という声を、各選挙区や地方議員、自治体、地元メディアへねばり強く訴え、対話する。これは安倍政権にとって非常にやっかいな「ハチの襲来」となるでしょう。私は、各地に根を張って活動し、全国3万人のニュース読者がいる革新懇の役割に、大きな期待を持っています。

人間の原点をとりもどそう

「強欲資本主義」はあらゆるものを商品にし、アメリカを株式会社国家に変えてしまいました。この歪《ゆが》んだ価値観に、憲法25条にもとづく国民皆保険―誰もがいつでも、どこでも、安心して医療が受けられる――制度を、絶対に奪われてはなりません。健康保険証は空気のような存在かもしれない。けれどこの宝物を100兆円市場の商売として、狙っている人々がいるのです。

強欲資本主義は人間をモノや数字のように扱います。けれどそうされればされるほど、人間は「未来を選ぶ自由」を取り戻し、「家族」を慈しみ、「お互いさまの精神」を持つ共同体の中で、「人間らしく生きたい」と願う。取材で出会う人びとはいつも、人間にとって貴いもの、守るべきものとは何だろう?と、私に考えさせ、胸を深く揺さぶるのです。

私は人間の中の善きものを信じています。私たちはモノじゃない、かけがえのない存在なのだというこの真実を、これからも伝えていきたいです。（聞き手　大谷智也）

（2015年7・8月合併号）

どこまでも「ネバー・ギブ・アップ！」〈命が一番大事〉の原点に返れ

日本原水爆被害者団体協議会（日本被団協）代表委員

坪井 直さん

つぼい・すなお

1925年5月5日生まれ。45年8月6日、広島の爆心地から1.2キロの地点で被爆。当時、広島工専（いま広島大学工学部）の学生だった。戦後、中学教師・校長をつとめる。退職後、被爆者運動の最前線に。2000年から日本原水爆被害者団体協議会（日本被団協）の代表委員。

つい先刻までスウェーデンの記者の取材を受け、本インタビューの直後には放射線の研究所からの来客。明日は山口県、明後日は福山市へ。ことし90歳の坪井さん。不自由な体をおして気迫の訴えを続ける〝ヒロシマの顔〟は、時折いたずらっぽい表情で、繰り返しいいました。「ネバー・ギブ・アップ（あきらめるな）じゃけんの」。（聞き手　卯城公啓）

原爆を落とされた1945年8月6日の広島を撮った写真で、人が写っとるのは5枚しかない。（ファイルから取り出し）これがその1枚で、真ん中あたりでしゃがみ込んで横向きに写っとるのが二十歳の私。撮影した松重美人《よしと》さんが、みんなあんまりむごたらしい顔をしとるんで正面からは撮れなかったという写真ですよ。場所は御幸橋。火の中を逃げてきた私が、歩けんようになって「坪井ここに死す」と石ころで彫った場所じゃ。

それから私は、臨時野戦病院に連れていかれ、意識を失い8月15日の終戦も知らん。やっと9月25日になって、捜しに来た母親の「直やー！」の懸命の叫び声で目を覚ましたんじゃが、その後も大勢の人に助けられて生き残りました。戦後も、放射線の影響で造血機能が壊されて3回も危篤になったが、教員仲間の輸血に助けられた。二つのがんを患い心臓も悪いが、医師などに助けられてまだ生きとる。「不思議に生きてきた」としかいいようがない。

人を殺しほめられる戦争法案は許せん

生き残った私には、「なんといっても人の命がいちばん大事」が原点。だが戦争では、人を大勢殺すほどほめられて勲章がもらえる。もってのほかですよ。原爆なら、1発で何万人も殺せる。こんな核兵器を許せますか。

今度のNPT（核不拡散条約）再検討会議は、アメリカやロシアの抵抗でまとまらないまま5月に終わったが、「ネバー・ギブ・アップ」、あきらめりゃせんぞ。このままでは終わらせられん。どうしても原点に返る必要がある。「人の命がいちばん大事」に照らして、核兵器とはなにか、と。

そして、原爆のひどさをとことん語り継がにゃならん。被爆者はもちろん、そうでない人にも、被爆2世にも、語り手になってもらいたい。私ら、もう高齢じゃけんなあ。

あの日から70年。「人の命がいちばん大事」の原点に立つと、日本を戦争する国にする企ても許せん。憲法9条は、戦争をしないと決めた。素直にそう解釈しなさい。憲法学者がいくら戦争法案は「違憲だ」といっても耳を貸さん安倍首相じゃが、戦争する国にしたいんなら、憲法9条を変えるかどうか国民に是非を問うたらどうだ。それをしないで手練手管でやる。あの人はとても大人物とはいえん。

メディア、教育　誤れば人類を不幸に

戦後70年の年、私自身の体験から大事と思うことを話しておきたい。マスメディアと教育についてじゃ。

メディアは、瞬間、瞬間に起こる問題に答えを出そうとする。むずかしい仕事ではあるんだが、間違えると人類を不幸にしてしまう。戦前の日本のメディアがそうだった。

教育は、メディアと違って長期の問題ですよ。私も、戦前の教育を受けて軍国少年、軍国青年だった。だから、戦後も20年間は迷いに迷った。〝こんちくしょー、アメリカが憎い〟などと……。だが、神話にもとづく戦前の皇国教育のバカらしさに気づき、〝いったい、これはなんだ〟と、迷いからさめた。

英知と理性　人間はまだまだよくなる

それから私は、平和運動、そして被爆者運動に入っていくんです。生き残った私と紙一重の差でむごい死に方をして一生をつぶされた友人たちを思うと、〝平和のために力を尽くさにゃいかん〟という気持ちになった。私の命を助けてくれた人たちにも生涯をかけて恩返しせにゃいかん、と思うようになりました。

人間は、争いやすい。しかし、英知がある、理性がある。争いを解決するには、それをふくらませる必要があると思うんじゃ。理想の達成はむずかしい、という人もおる。だが、一歩でも二歩でも前進させる。私は、人間はまだまだよくなると思うとるんですよ。50年後、100年後……と。「ネバ

坪井　直

ー・ギブ・アップ」じゃけんの。

（2015年7・8月合併号）

安倍首相は〝憲法ドロボー〟になった

憲法を変えようとして〝裏口入学〟に失敗した

憲法学者

小林 節さん

こばやし・せつ

1949年生まれ。慶應義塾大学名誉教授、弁護士。法学博士、名誉博士。ハーバード大学ロー・スクール客員研究員などを経て慶應大学教授。改憲派の論客として自民党改憲草案作成にも関わるが、出された草案の立憲主義を逸脱した内容に仰天、反対に回る。著書に「『憲法』改正と改悪」(時事通信)、「白熱講義！集団的自衛権」(ベスト新書)など多数。

「憲法をドロボーする安倍首相の横暴な政治を止めるために、みんなが力を集中するときだ。『改憲論者』の私も、共産党や社民党と『一点共闘』し、徹底的にたたかう」と小林節さん。「『一点共闘』って革新懇や共産党が使っている言葉ですよ」と言うと、「私の脳ミソには『一点共闘』という言葉が染みわたっている。いまこれが大切であり、いい言葉はみんなのものになるんですよ」と笑いました。（聞き手　乾　友行）

安倍首相を中心とする自民党の改憲マニアたちは、憲法とは何かということがまったくわかっていません。

憲法というのは主権者・国民大衆が権力者である政治家、公務員を管理するものです。これを立憲主義というが、まったく理解できないでいる。自民党の改憲案を見ると、逆に権力者が国民を管理し、「国を愛せ」などと躾《しつ》けようとしていて、驚かされます。無教養、低知能という他ないね。

憲法がなんたるかを知らない者

自民党は、自分たちの考える憲法改正案が国民から支持されないため、憲法改正を真正面から提起できないできました。そこで一昨年（２０１３年）、安倍首相は衆参両院議員の3分の2という改正のハードルを一般法律と同じ過半数とする憲法96条先行改正というやり方をすすめたのです。しかし、この手法を私は〝裏口入学〟だと厳しく批判しましたが、国民からも強い反発を受け失敗しました。

そのため昨年は憲法解釈を閣議決定で勝手に変えて集団的自衛権行使を合憲としました。憲法がなんたるかを知らない者にしかできない恐るべき暴挙です。憲法そのものを破壊する、憲法制度を根底から否定する行為です。権力者を縛る憲法を国民から奪い、権力者が国民を縛る憲法にかえる——、一言でいうなら〝憲法ドロボー〟。さすがに私も我慢できません。

安倍首相は集団的自衛権の行使が必要と宣伝するため、アメリカ軍艦に乗って脱出しようとする日本人母子を自衛隊が救助できないでいいのか、などの例を出しました。軍事的にありえない例だし、日本人母子を救助するのは個別的自衛権の話であり、そもそも集団的自衛権は関係ない。ウソまで使って、そんなにまでしてアメリカの軍艦を守りたいのか、集団的自衛権という「名」が欲しいのか、と怒りました。

私は、自衛のための戦争は否定しないし、そのため9条も含めた改憲論者です。しかし、安倍首相はまったく違う。まじめに日本の安全や防衛を考えているのでなく、好戦的なんです。アメリカにくっついて戦争したいとしか思えません。

娘が命の大切さを教えてくれた

私は30年余、自民党のエリート連中と戦争と平和について議論してきた。1億人の国民を救うために3千人の兵隊が戦死しても、そんなものは誤差の範囲と平気で話し合ったものです。

しかし、恥ずかしながら娘が生まれ、命の大切さを実感しました。一人ひとりかけがえのない命だと思うようになりました。自衛隊員も、植木鉢から生まれるのでなく、お母さんがいてお父さんがいます。奥さんも、子どもさんもいる、かけがえのない人なのです。戦争映画を見ても兵隊の死に心が痛むようになりました。可能な限り戦争を避けるようにしなければならないと思うようになりました。

安倍首相は〝裸の王様〟です。自民党にも、政府にも、安倍首相らの憲法論議のおかしさ、無教養ぶりを分かっている人はいます。でも文句を言えない。〝お坊ちゃま独裁者〟を生んだ原因は、小選挙区制にもあります。

私はかつて小選挙区制に賛成していたが、深く反省しています。しかし、護憲派の人たちも、選挙制度を変えることを前提にするのでなく、まず現実を直視して、いまの小選挙区制のもとでも、安倍首相の横暴な政治をストップさせる多数派をどう形成するのか、大胆に考えて欲しいですね。

日本の価値を放り投げるな

日本国憲法は国民に受け入れられ、9条のもとで、日本は70年も戦争せずに、殺しも殺されもせずにきました。大国で、こんな国は他にない。中東でも、手が血で染められていない。価値のあることです。安倍首相はこれを放り投げようとしている。米軍の二軍になって、参戦しようとしている。そんなことをしたら絶対、ダメです。

日本がなすべきは、この平和大国の立場だからこそできる〝留《と》め男〟になることです。戦争というものはかならず終結する。そのとき、できるだけ早くしっかりと戦争を終結させるために、〝留め男〟が必要になります。

この役割をこそ海外で戦争をしない日本は担えるし、担わなければなりません。

（2015年6月号）

小林　節

私たち一人ひとりがノーベル賞候補です

「憲法9条にノーベル平和賞を」実行委員会

鷹巣 直美さん
竹内 康代さん

「憲法9条にノーベル平和賞を」実行委員会　「9条にノーベル平和賞を」と訴える鷹巣直美（たかす・なおみ）さん（写真右）のよびかけに応じ、相模原市や座間市の地域九条の会会員などが、2013年8月に結成した。竹内康代（たけうち・やすよ）さん（同左）は4人の共同代表の一人。発起人の鷹巣さんは実行委員をつとめる。

――神奈川県座間市の子育て主婦、鷹巣直美さん（当時36歳）がノーベル委員会にメールを送り始めたのは、2013年1月でした。

鷹巣　改憲をめざす安倍さんの第2次内閣ができた直後ですね。メール文は「日本国憲法第9条にノーベル平和賞を授与してください」、これだけでした。数回出して何の返事もありません。知人にネット署名の仕方を教わり、試しに立ち上げてみたところ、5日間に1342人の方が賛同してくださったのです。

署名をノーベル委員会に送ると、今度は返事がきました。〝平和賞候補になるには、推薦資格を持つ国会議員や大学教授の推薦状がいります〟〝平和賞を受けられるのは個人か団体なので、憲法は対象ではありません〟。そこで、授賞対象を「9条」から「9条を保持している日本国民」に変え、推薦人を募りました。

――やがて、実行委員会が結成されます。

鷹巣　うれしい反響が広がると同時に、一部ではネットで誹謗《ひぼう》中傷されていると知って心細くなり、近くに仲間がほしいと思いました。近所の九条の会に相談を持ちかけたところ、竹内さんたちと出会ったのです。

竹内　新聞記事で鷹巣さんの活動を知り、地元の九条の会におよびして話をしてもらいました。すると、参加者の目が輝いてきたんですよ。みんな、これは夢のある運動だと感じたのです。鷹巣さんを支援すると決め、実行委員会をつくり、署名集めや推薦依頼にとりくみ始めました。

戦争の悲惨語り継いできた「日本国民」

――授賞対象を「日本国民」としているのには、様ざまな意味が込められています。

鷹巣　日本国憲法の主語は「日本国民」です。主権者は国民ですから。その「日本国民」が9条を保持してきたのです。戦後70年にわたり、大勢の日本国民が平和への願いを込めて戦争の悲惨さ、愚かさを語り継いできました。戦争を知らない世代を含め、9条を保持していることを誇りにし、自分たち一人ひとりがノーベル賞の候補だと思ってくれるといいですね。

もちろん、9条に対しては別の考えをお持ちの方がいます。私たちの運動が、考えの違いを超えて「日本国民」一人ひとりが9条について考えるきっかけになれば、とも思います。

竹内　街頭で署名を集めていると、通り過ぎて行った若者が戻ってきて聞きました。「僕もノーベル賞候補になれるんですか?」。2014年4月にノーベル委員会から「推薦を受理した」と連絡がきた時は、ほっとしました。「日本国民」に受賞資格があると認められたのですから。

鷹巣　２０１４年は受賞できませんでしたが、その年の９月にノーベル委員会から、２０１５年ノーベル平和賞候補推薦への招待状が届きました。すでに、国会議員を含む推薦資格のある先生方が推薦状を送ってくださいました。

竹内　いま、九条の会などを平和賞候補に推す動きもありますね。「日本国民」のどなたが候補になるにしても、私たちは応援します。

世界中の人びとの願いをかなえる憲法９条

――「９条にノーベル賞を」の運動は、世界に広がっています。

鷹巣　ことし（２０１５年）1月、コスタリカ国会が特別決議を採択しました。「平和憲法を長年にわたって保持してきた日本とコスタリカ両国民に、共同でノーベル平和賞を」と。韓国では、国会議員や各界識者50人が９条関連の候補をノーベル平和賞に推す運動をおこしています。「憲法９条にノーベル平和賞を」という運動は、たくさんの方の平和への願いに支えられて世界へ一人歩きしています。私に「あなた、すごいね」といわれる方もいますが、すごいのは私ではなく、世界の誰もがもつ「戦争はいや」の願いをかなえようという９条です。

私は、「満州」引揚者の祖母に戦争の話をよく聞かされていました。20歳から5年間留学したオーストラリアでは、通っていたキリスト教会でアフリカの戦乱を逃れてきた難民に出会い、若者や女性の涙ながらの体験談を聞きました。過去ではなく今の出来事として、つくづく戦争はひどいと思いました。帰国して、教会の牧師さんに日本国憲法の前文と9条を教わったのです。「すばらしい。これこそ神様も喜ばれることだ」と、目を開かされました。

——「自分の子ども、世界中の子どもたちのために9条を守る」。鷹巣さんの決意です。

鷹巣　改憲の動きに対し、私たちも声を大きくしないと。日本国憲法が私のような人間でも声をあげられる環境をつくってくれていると思います。その気になれば、一人一人にできることは決して少なくないはず。昨年（2014年）ノーベル平和賞を受けたパキスタンの少女マララさんが厳しい環境の中で声をあげるのとは訳が違う。自分に、そういい聞かせています。（聞き手　卯城公啓）

（2015年5月号）

私は保守だから
安倍政治にノーの声をあげる

北海道大学大学院法学研究科准教授
『週刊金曜日』編集委員

中島 岳志さん

なかじま・たけし
1975年生まれ。インド政治や近代日本の思想史を研究。著書『中村屋のボース―インド独立運動と近代日本のアジア主義』（白水社）、『「リベラル保守」宣言』（新潮社）、『パール判決を問い直す「日本無罪論」の真相』（共著、講談社）など多数。2016年、東京工業大学リベラルアーツ研究教育院教授（政治学）に就任。

私は、「リベラル保守」を自認し、親鸞《しんらん》の思想に大きな影響を受けている人間です。この立場から見ると、安倍内閣の政治は、保守とは言えず、むしろ正反対のものです。

保守思想は、人間の理性は不完全なものだと考え、人間の能力に対する過信を諌《いさ》めます。そして歴史の風雪に耐えた伝統、慣習、良識を重視します。それは「復古」や「反動」ではありません。多くの人が蓄積した社会的な経験知に依拠して、グラジュアル（漸進的）な改革をすすめる立場です。

安倍さんはどうか。「自分は正しい答えを持っている」と自惚《うぬぼ》れ、「リーダーシップ」と称して上からの強い統制による政治をめざしています。彼は、北朝鮮や中国のような独裁型の政治を理想としているようにさえ見えます。

国民を萎縮させる安倍政治の手法

安倍政治の典型が、秘密保護法的な権力のあり方でしょう。

その怖さの実例として、私は、戦中「軍機保護法」のもとで引き起こされた「宮澤・レーン事件」をあげたいと思います。この事件は、戦後、上田誠吉さん（＊）が著書で告発しました。

１９４１年12月8日、日米開戦の日に、北大生であった宮澤弘幸君と英語の教師レーン夫妻が逮捕されます。大の旅行好きであった宮澤君が、道東や樺太旅行の話をしたことが軍事機密に触れたというのです。レーンはその後、交換船で帰国しましたが、宮澤君は拷問の上、終戦まで投獄され、27歳で命を失います。問題は、逮捕された本人にも、なぜ投獄されたのかがわからなかった。まさに「何が秘密か、それが秘密」であったのです。平成の世になってから、みんなが知っている根室の飛行場の話が機密にされたと判明しました。

まさに「みせしめ逮捕」です。ちょっとでも軍事にふれたら捕まる、そこから国民の内面に、萎縮、忖度《そんたく》、自主規制が生まれる、これが権力の狙いです。

秘密保護法を強行し、衆院選挙の際の「ニュース23」に見られるように、テレビで、安倍政治に批判的な映像に、切れてやっつける。まさに、安倍首相は、国民やマスコミに、萎縮、忖度、自主規制を植え付ける政治手法をとっていると言えるでしょう。

アメリカ一辺倒でなくアジア共同の枠組みを

私は、アメリカ一辺倒にも、集団的自衛権の行使にも反対です。

私は、「助走期間」は置きつつも、日米安保はやめるべきだと思っています。世界の現実をしっかり見ましょう。いま、アメリカ中心の「一強多弱」の時代は終わり、中東でもアジアでも、アメリカがワントップで采配する時代ではありません。

多極化の時代に、日本は、アメリカだけへの依存でなく、アジアの連帯を本気で進めていく時です。EUなども参考にして、アジアで共同と話し合いの枠組みを作り、共通の問題に一つ一つ対応していくことが、いま大切だと考えています。

中島岳志

現在の日米安保は、日本はアメリカ防衛の義務は持たない「片務」構造ですが、基地を提供し地位協定で治外法権にして、バーターになっています。ところが、集団的自衛権でアメリカ防衛の義務＝「双務性」を引き受け、そのうえ基地も思いやり予算も続けるというのでは、「不平等条約」です。安倍さんは、長州が地盤ですが、こんな政治は明治の志士も信じられないと思います。

「保守」「革新」の2分法やめて協力する時代

私は、「保守」「革新」という2分法をやめた方がいいと思っています。私は保守ですが、たとえば『週刊金曜日』の編集委員として何の違和感もありません。私に言わせれば「左派」の方も変化しています。保守と革新が隣接しつつあるのです。地域のコミュニティーを立て直し、社会的な包摂を大切にしようとは、保守の政策だと思うのですが、いまや「左派」の方々が率先して取り組んでいる課題です。新自由主義でこれをこわし、格差を拡大しているのが、安倍政治ではないでしょうか。（聞き手　増村耕太郎）

（＊）上田誠吉　全国革新懇の初代代表世話人・自由法曹団団長（当時）。『ある北大生の受難』（花伝社から復刻）で「宮澤・レーン事件」を告発。

（2015年4月号）

問われる〝新しい社会の姿〟を提示する力

「いのちの市場化」をすすめるTPPに反対して

アジア太平洋資料センター（PARC）事務局長

内田 聖子さん

うちだ・しょうこ

1970年、大分県別府市生まれ。2006年から現職。TPPやTiSA（新サービス貿易協定）をはじめとする自由貿易協定への調査と批判、政府へのロビイング、市民向けキャンペーンなどをおこなう。「STOP TPP!! 官邸前アクション」呼びかけ人。「打倒！安倍政権11・29大集会・大行動」の呼びかけ人でもあり、また「安倍政権NO!! 0322大行動」では、よびかけた団体の事務局長として奔走。現在、PARC共同代表。

ＴＰＰ（環太平洋連携協定）反対をさらに多数の国民の声にしていくためにどんな問題に直面しているのか。シングルイシューの運動（一点共闘）を結んで、さらに政治を動かす共同へどう接近するのか――実際に運動に取り組んでいる人ならではの内田さんの話は示唆に富んでいる、と思いました。（乾　友行）

本来、ＴＰＰで問われている「食と農の問題」は人間なら誰にとってもとても大事な問題です。もちろん、生協運動にかかわるなど意識している層では関心が強く、ＴＰＰの危険もよく理解されます。しかし、さらに広範な多くの人たちにとってなかなか自分の問題にならないでいることも痛感しています。なぜか。安全な「食」を求める以前に、雇用の不安定、貧困の問題があるのです。まず空腹を満たす――何より安い食事を優先せざるをえない現実があります。

もうひとつ痛感していることがあります。ＴＰＰは、農業だけでなく、医療、保険などさまざまな分野にかかわりますが、つきつめれば主権の問題、民主主義の問題です。単に貿易の問題でなく、国民のいのちや安全を守るためのルールを「貿易障壁」として壊し、「いのち」より利潤を優先する、大企業に有利なルールを押しつける悪だくみ、「いのちの市場化」です。国民の意見が政治に反映されないできた日本社会の構造的な問題があるもとで、この問題点を多くの人に理解してもらうのはいっそう難しいですが、訴え続けたいと思っています。

現代版富国強兵政策が

安倍政権は、現代版富国強兵政策をすすめています。集団的自衛権の行使、原発推進など強兵政策と「世界で一番企業が活動しやすい国」にするという経済政策です。この両方をセットで批判していくことが大事だと思います。日本の平和運動、憲法運動は多くの方がたが熱心に取り組まれていますが、――海外の運動を見ていると強く感じるのですが――、もっともっと多くの国民に輪をひろげるためには、貿易、投資、金融、税金、社会保障財源など含めた経済政策の批判と結びつけることを強める必要があると考えています。

広がるシングルイシュー

3・11以後、原発反対の運動に象徴されるように、シングルイシューの運動がひろがりました。TPPもそうです。シングルイシューだからこそ、わかりやすいし、垣根なく多くの市民が運動に参加できたと思います。これを今後も大事にしていきたいと考えています。同時に、シングルイシューの運動を担っている多くの人は、すべての問題がつながっている、ということに気付いています。

私たちは1点だけでは生きていけないのです。次第に連絡を取り合うようになり、人間関係もできてきました。安倍内閣になってから、どの問題でも、いっそう政府と激しくぶつかるようになり、多くのシングルイシューの運動のなかで、安倍政権はもうたくさんだ、政治を変えたいという意識が共有され、マルチイシューを取り上げ、「安倍政権打倒」の共同行動をよびかけるまでになりました。こうしたなかで、これまででは考えられないような団体や人びととつながりました。また小さな草の根の市民団体が、全労連などのような大きな組織とも共同するようになりましたが、これは画期的なことだと思っています。

その先をどうするか

同時に、こうした動きに忙殺、埋没せず、シングルイシューとしての原点、深くて迅速な取り組みを大事にしていくことの大切さをあらためて痛感しています。

政治を変えるためにシングルイシューの運動が協力する。しかし、「安倍さん、やめろ」はいいが、その先をどうするのか。いま、国民の多数派を形成していくためには、わたしたちシングルイシューに取り組んできた者たちも、その後にどういう社会、どういう政治を展望し提示できるのか、問われていると思います。もちろん、こんな大それた問題の回答をひとつのシングルイシューの運動に求めても荷が重すぎます。やはり政党の役割が大きいし、私たちの選挙とのかかわりもまだまだ探求の途上です。

行動、議論を重ね

しかし、私たちにできることはもっとあるはずです。もっと政治に関心を持ち、政党や政策を読み解く「総合的な政策リテラシー」の力をつける、国会議員をウオッチする、投票に行く、こうした取り組みも大切でしょう。〝オール沖縄〟のたたかいは大きな激励になりました。できることを行動しながら、問題意識を共有する人たちをつなぎ、議論を積み重ねていくことが大事だと思っています。多くのシングルイシューでつながる人たちと、またナショナルセンターの全労連などの大きな組織、革新懇の方々とも、一致点で共同行動しながら、よりよい社会をめざして議論を重ねていきたいと思います。

（2015年3月号）

内田聖子

「知的勇気」のない社会に警鐘

前中国大使・前伊藤忠商事会長

丹羽 宇一郎さん

にわ・ういちろう

1939年、愛知県生まれ。伊藤忠商事社長、会長、この間、内閣府経済財政諮問会議議員、地方分権改革推進委員会委員長、国連世界食糧計画（WFP）協会会長など歴任ののち、中国大使、2012年12月退官。著書に『人は仕事で磨かれる』（文春文庫）、『リーダーのための仕事論』（朝日新書）、『北京烈日』（文藝春秋）、『中国の大問題』（PHP新書）など多数。

いま、日本の知識人について、たいへん憂えている。とくにここ数年は、ひどい。特定秘密保護法、集団的自衛権……、権力を問いただすべき問題がいくらでもあるのに、知識人、ジャーナリズムを含む有識者の発言が弱い。国民に対する責任をみずから放棄していることになる。権力に対しモノをいうのは当然のことだが、昨今の日本では、「知的勇気」も必要だ。

知識人がこんな状況では、国の羅針盤が故障しているようなものだ。日本の将来が危ぶまれる。

歴史を学ばない者は歴史を繰り返す

日中両国民に言いたいことのひとつは、日本人も中国人も、互いに相手を70年前のイメージでみているということだ。実際の日本人、中国人を知らないで言い合っているんだ。

先入観にとらわれず、「等身大」でみれば、本当の姿が見える。そうすればお互い絶対に必要な存在であり、そうならば仲良くしなければならないことがわかる。

安倍首相が「総理大臣」として、靖国神社を参拝したことは大きな問題となった。歴史認識の問題が問われている。

日本は先の戦争で無条件降伏し、連合国48カ国と講和条約を結んで国際社会に復帰した。そこで確定した歴史認識というものは海を越えた存在だ。これを土台にして戦後に確立した国際秩序に挑戦し、修正するかのように受け取られる言動を総理大臣がとるのはよくない。国際社会に通用はしないだろう。

米国議会図書館の礎石に刻まれている「歴史を学ばないものは歴史を繰り返す」という言葉に学ぶべきだ。駄々をこねているように受け取られてしまう。

だいたい日本の生命線は平和だ。自由貿易だ。日本は最も平和でなければ生きていけない国なんだ。戦後のアメリカ主導の平和体制を否定、修正することは、世界各国より理解を得られないだろう。

安定した雇用こそ企業の社会的責任

非正規社員ばかり増やしていたら、日本経済はダメになる。しっかりと教育し、まともな給与を出し、子どもを安心して育てられるようにしなければならない。安定した雇用こそ、企業の社会的責任だ。非正規社員が38%では、まともな事業などできず、会社もなりたたなくなる。

一部の人が何億円、何十億円ものカネを手にし、一方で年収200万円以下という人が増える社会はどこかおかしい。格差が固定化し、拡大してゆくと、社会不安がおきる。だから会社のためにも、社会のためにも、社員は、全部正社員にするぐらいのつもりで、と言っている。当たり前のことだし、普通の経営者なら考えることだ。

青年は努力が楽しくなるようになりなさい

格差社会で厳しいのはわかる。そんな歪《ゆが》んだ社会をただすのは大人の責任だ。そういうもとでも、あえて青年に直言したい。人間の遺伝子は、99・9%同じと言われている。努力が人を決める。努力は人を裏切らない。1に努力、2に努力、3に努力だ。そしてイチロー選手のように努力が楽しくなるようになりなさい、といいたい。もうひとつ。日に3回、身体には栄養を与えているんだから、心にも毎日、栄養を与える努力をしてほしい。期待している。（聞き手　乾友行）

（2015年2月号）

翻れ 21世紀の道しるべ・憲法9条

経済学者

伊東 光晴さん

いとう・みつはる

1927年生まれ。戦後日本を代表する経済学者の一人。京都大学名誉教授。東京商科大学(現・一橋大学)卒。主な著書に『ケインズ』『経済学は現実にこたえうるか』『伊東光晴　経済学を問う』全3巻(以上、岩波書店)など多数。近著に『アベノミクス批判　四本の矢を折る』(同)などで政治・社会の時の課題にも、活発に発言。

私は2012年の2月、講演中に心筋梗塞で倒れ、〝ほぼ絶望〟と診断されました。なんとか意識を取り戻し、リハビリにつとめてきましたが、今も医師は、「いつ倒れてもおかしくない」というのです。しかし、闘病中から安倍政権を批判し続けてきました。

なぜか。安倍政権は保守ではなく右翼だからです。われわれの世代を戦地に追いやった、靖国神社・国家神道を支えとする政権です。許しがたい。しかも論壇に、うそを重ねた安倍政権の経済政策、アベノミクスをまともに批判する人もいない。黙ってはいられません。人間、〝敵〟がいると元気が出るものです。

愚論・戯画のアベノミクス

私からみれば、アベノミクスなどは経済学も現実も知らない者の愚論、戯画です。だいたい、「成長戦略」の目玉がカジノ解禁だなんていうのですから話になりません。しかし、安倍首相にとってはアベノミクスも、「地方創生」「女性が活躍する社会」も、自分のめざす国づくりを実行するために国民の支持をつなぎとめる題目なんでしょう。安倍政権は、領土をめぐる中国や韓国との緊張を利用してナショナリズムをあおり、憲法9条を変えようとしています。

国民国家が形成されるときは、ナショナリズムが盛り上がっても不思議ではありません。第二次大戦後では、列強の支配から解放されたアフリカ諸国や中国、韓国、ソ連の崩壊で生まれた国々などです。日本は明治維新で国民国家が形成されて百数十年。この間、行き過ぎたナショナリズムと悲惨な戦争の時代を経て、武力で紛争は解決できないと学びました。その忠実な表現が憲法9条です。

9条の理想の重さ　担えるか

もう50年以上前のことですが、南原繁・元東大総長が私に語った言葉を忘れられません。「憲法の平和主義は高い理想に裏付けられている。日本の国民は、この崇高な理想の重さを担えるのか。必ず裏切る。しかし伊東君、その時、初心忘れずだ」。重い言葉です。しかし、私は今、こう考えるようになりました。二つの大戦を体験した後の世界では、武力によらない紛争解決をめざす憲法9条は理想主義ではなく、もっとも現実主義ではないか、と。

第二次大戦後に兵力を海外にいちばん多く出したのはアメリカですが、アフガニスタンでもイラクでも、紛争は解決しない。むしろ、アメリカが侵攻していった国の人々の、アメリカに対する怨念は深まるばかりです。だから日本は、アメリカとの「集団的自衛権」などにくみしてはならないのです。憲法9条にもとづいて紛争の平和解決に努めるべき日本が、紛争に巻き込まれ、紛争の当事国になってしまう。

安倍政治は崩れてゆく

ナショナリズムは理性を失わせ、強まれば政治家もコントロールできません。かつて日本と中国の国交回復を実現した両国の政治家は、それが分かっていたから尖閣諸島の領有権を棚上げしたのでしょう。尖閣諸島をナショナリズムの刺激に利用している、今の政治家たちとは大違いです。

しかも、今の日本のナショナリズムは、過去の戦争責任の否認をともなっています。侵略戦争で多くの中国人を殺し苦しめた事実を認めない。日本の戦争犯罪を裁いた極東軍事裁判も否定しようとする。こういう考えの持ち主の上に立つ安倍政権が、アメリカやヨーロッパでなんとよばれているか。「極右政権」です。

アメリカのＣＩＡ（中央情報局）や軍が、安倍首相の祖父である岸信介氏など右翼政治家と結びつき、日本の軍事力強化を促した歴史がありますね。いわゆる「ＣＩＡ外交」です。それが今に引き継がれているとしても、戦前の日本に戻ろうとするような安倍政権の考え方が、この21世紀にアメリカでも世界でも通用するはずがありません。安倍政治は、もはや失敗が明らかになったアベノミクスともども崩れていくのです。

そんなとき、私はいいたい。「翻れ　21世紀の道しるべ・憲法９条」と。南原さんの言葉を借りるなら、私は「初心」を忘れません。（聞き手　卯城公啓）

（２０１４年12月・15年１月合併号）

沖縄のたたかいが教えてくれるもの

映画「標的の村」監督・ジャーナリスト

三上 智恵さん

みかみ・ちえ

1964年東京都生まれ。アナウンサー職で大阪毎日放送を経て、95年琉球朝日放送の開局とともに沖縄へ。キャスター、ドキュメンタリー取材など。2014年5月退職。ドキュメンタリー映画「海にすわる〜辺野古600日間の闘い〜」「標的の村〜国に訴えられた沖縄・高江の住民たち〜」監督。

沖縄本島北部の東村・高江でオスプレイのヘリパッド建設に反対する住民を描いたドキュメンタリー映画「標的の村」が2万4000人以上を動員し、異例のヒットと言われています。「知らなかった」「なぜメディアは伝えないの？」の声が届きます。東京の大手新聞も放送局も沖縄のたたかいや米軍基地の実害を報じません。メディアがおかしくなっていると感じます。

こうしたなか、「標的の村」のヒットに日本も捨てたものではないと思う一方、圧倒的にまだまだ足りないと強く感じます。

考えてもらいたい

映画で高江の子どもたちが「自然のなかで家族と生活し続けたい」と泣いている、ゲート前で地元業者と住民が争っている。これだけでは本当は誰が泣かせているのか、本当は誰が基地を作りたいのか、答えがわからない。考えてもらいたい。だからこそ「もやもやして、あれからずっと考えています」と感想をもらった時が嬉しいですね。自分が植えた種がその人の中に時間をかけて発芽するためには、心が動いた上にもやっとしたものが残ることが大事だと思っています。

「オール沖縄」の底流

基地建設をめぐり、地域住民を分断する政府の手法が許せません。原発もそうですが、例えば漁師にお金を見せて揺さぶります。漁師は基地を建設するか否かという大問題を決める立場ではないし、権限もありません。ただ漁業補償を受ける権利があるだけです。しかし一枚岩で反対していた地域は、「容認派の漁業者」を仕立てられて崩されていきます。

沖縄の歴史を深く知らない人が〝容認派〟と聞くと、平和も大事だけどお金もほしいよね、とわかったように思ってしまう。でも違うのです。容認という言葉自体も使いたくないですね。本当は基地に賛成している人は一人もいません。沖縄のたたかいは複雑です。

翁長雄志さんが県知事選出馬会見で、１９５０年代、米軍の銃剣とブルドーザーによる土地取り上げに島ぐるみで反対した歴史を語ったときのことです。沖縄で著名な保守の政治家も革新の政治家も涙をぬぐって聞いていました。「オール沖縄」といわれるものの底流にある保革も越えた共通点、沖縄県民のたたかいの歴史を見た思いです。

心が折れても元気になれる

私は95年の少女暴行事件をずっと引きずっています。あのときよりは少しでもよい状況にしないと次の世代に責任が取れないと思い、国にたてつくような報道もたくさんしました。二度と子どもや女性を犠牲にしないとがんばっても、オスプレイ配備一つ止められなかった。オスプレイの姿を見たとき、心がぺっこりと折れました。数カ月は本当に折れ曲がって歩いている状態でした。私はもうたたかえない、世の中を変えることができない、もう報道をやめようと思いました。

そうした心境のときに聞いたガンジーの言葉、〝世界を変えるためでなく、自分が世界に変えられないためにたたかう〟が心に響きました。実際、高江や辺野古など現場に行ってみたら、圧倒的な権力に対しちゃんとたたかっている人がたくさんいます。心が前向きで大事なものを見定めて行動する彼らに会ったら、一番元気になれるのです。踏みにじられることを拒み続ける人間の尊厳を見ました。

たたかい続ける沖縄の心

沖縄戦を体験した方々は、負けるとわかっていても日米の政府を相手に抵抗する。「たたかった事実だけが、次の世代に残す最高の財産だ。子孫はそこから先をたたかえる」と言います。

一機の戦闘機も飛ばない、一台の戦車も走らない、一隻の軍艦も浮かばない沖縄に戻すことが夢です。海や森の恩恵に対し、尊敬の思いで神々を祭る風俗も色濃く残る沖縄。人のつながりと自然を敬う沖縄の人びとのたたかいとはどういうものか。そこを伝えられたら、と思っています。（聞き手　熊倉綾子）

（２０１４年11月号）

三上智恵

いくさはやめよ、と
日本は世界の先頭に

作家

高橋 克彦さん

たかはし・かつひこ

1947年、岩手県釜石市生まれ。早稲田大学卒。83年『写楽殺人事件』で江戸川乱歩賞を受賞しデビュー。『緋い記憶』で直木賞、『火怨』で吉川英治文学賞を受賞。『炎立つ』、『時宗』はNHK大河ドラマの原作。2012年、日本ミステリー文学大賞受賞。近著に『東北・蝦夷の魂』(現代書館／1400円+税)など。盛岡市在住。

3・11大震災後、私は書けなくなったんだ。同じ岩手でも、内陸に住む自分と沿岸のひとたちの置かれている状況は違う。無責任なことは書けなくてね。かといって歴史小説など震災と関係のない話は書く気になれない。いまでも書く量は震災前の5分の1くらいかな。

ただ、私の書いた『炎立つ』を原作とした最近の舞台では、中央権力の収奪とたたかう東北の民蝦夷《えみし》を、復興に立ち上がる人びとの姿と重ねて描いてくれた。うれしかったね。そういうふうに読んで、伝えてくれるひとがいるんだと。自分のなかの深いところにもそういうテーマがあるのか、と思ったよ。

多様性失う日本文化――故郷への誇りを戻せ

震災後に言い続けてきたことは、国の意図する「再興」という考え方はやめて、新しくつくるという考えが大事ということなんだ。被災地に住んでいたひとたちが、自分たちが必要と思うまちを、自分たちの力でこしらえていかないと本当の復興とは言えないよ。

いま、日本はどこでも均一化されて文化の多様性がなくなっている。ひと昔前は故郷を捨てる罪悪感、新しい文化に憧れる後ろめたさを持って都会に出て行った。都会と田舎で文化に違いがあったほうが、一人ひとりに夢があったんだ。地方の人にコンプレックスがなくなった代わりに、今度は故郷への誇りが失われた。いまの国づくりの一番の問題だね。

高橋克彦

蝦夷の心——戦争のない国づくり

平泉文化が世界文化遺産に登録されたのは、世界が日本人の心にある「和の心」を見たからだよ。蝦夷のルーツと私が考える出雲の民たちは、ヤマト朝廷に侵略されるまで自らの国を「和国《わこく》」と名乗っていた。平和、親和の「和」を国名につかう平和を愛する人びとだったんだ。

蝦夷である藤原清衡《きよひら》は平泉文化を開くとき「万民平等」を掲げた。私はこれを宗教的な思想というよりは、殺し殺されることのない、戦争のない和国を東北の地に蘇らせる蝦夷の願いと考えている。「万民平等」を唱える統治者など世界の歴史に例がないから、世界文化遺産の審査でも最初は理解されなかった。

けれど、震災で若者も年寄りも互いに支え合い、乗り越えていく東北の民の姿を世界は見た。「日本人のあの精神はどこからくるのか」と世界中が驚いた。そして知ったんだよ。かつて清衡が治めた福島、宮城、岩手の民に、「和の心」が受け継がれていることを。

基地をどこにつくるかでなく、なくすこと

私は何年も前から政治に絶望していてね。憲法がありながら、ひとりの政治家の自己主張を通すためだけに数の論理でやられる。まちがった民主主義だ。

けれど、日本人の心には平和を愛する和の心のＤＮＡがとけこんでいる。

東北弁に「武器」を表す言葉は無いんだ。槍や刀もすべてヤマト朝廷から持ち込まれた言葉で、どの資料を探しても「武器」を意味する用語は存在しない。蝦夷は「いくさをしない」と信じて生きてきた人びとだったんだよ。それが日本人本来の心なんだ。

沖縄の辺野古新基地を建設しようと大きな問題になっている。しかし、どこに基地をつくればいい、というのではなく、そもそも「戦争を前提にしたものなどなくそう」と日本人が言わなければだめなんだ。平和を求める日本人の心は世界を救う鍵だよ。日本がひとつになって「いくさはやめよう」と世界の先頭に立って言う時だよ。（聞き手　大谷智也）

（２０１４年10月号）

高橋克彦

いつまでも安倍政権が続くわけない

吉田松陰よ出よ、若い人たちよ立ち上がれ

農業生産法人代表・いのちの党代表

菅原 文太さん

すがわら・ぶんた

1933年8月16日、宮城県生まれ。早稲田大学中退。映画「仁義なき戦い」シリーズ、「トラック野郎」シリーズをはじめ多数に出演。NHK大河ドラマなどでも活躍。2009年農業生産法人「株式会社竜土自然農園おひさまの里」を山梨県北杜市に設立。

国民が反対しているのに、憲法解釈を変え、集団的自衛権の行使を容認する閣議決定がされた。

閣議決定にあまりガッカリするな

憲法は権力者を抑えるものなのに、逆だ。明らかに憲法違反だよ。いま大事なことは、それでもまだ憲法9条はある、ということだと思う。これを守ることだ。そして集団的自衛権の行使を具体化する法律、アメリカの戦争に自衛隊を参戦させる法律をつくらせないことだ。

しかしガッカリするのはまだ早い。この閣議決定は、日本人の総意による決定ではない。安倍政権の決定だ。政府の決定は政府が覆すことができる。安倍さんの内閣がいつまでも続くわけでない。次の新しい政権が閣議決定を元に戻せばいいんだ。

このままでは怖い

安倍さんがなぜそんなに急に右旋回するのか、俺にはよくわからないんだ。理論的な強い主張や見通しがあるとは思えない。おじいさん（岸信介元首相）の執念をつぎたいという〝情念〟だろうか。日本人にはそういうのが強いからね。それにしても安倍内閣も、安倍さんも、庶民の苦労を知らず、戦争を知らない。そこが怖いね。

若い人たちがいま、原発ゼロや集団的自衛権問題などで立ち上がっている。一人では声を出せない多くの人がデモに街頭に出ている。いいことだ。でも国を変えるには、まだまだパワー不足だな。もっともっと大きくなり、日本全体を変えられるようにならないか、と思っている。

日本人のこころを失い、なんでもカネという魔物に毒され、人間力が衰えているような気がする。その感心しない代表が原発輸出する安倍さんかな。そういう流れのなかで世の中を変えるなんて大変だけれど、若い人たちよ立ち上がれ、吉田松陰よ出でよ、と願っている。老人ばかりがんばってもダメなんだ。

沖縄——日本は独立国か

日本はなんでもアメリカいいなりだ。右といえば右、左といえば左。〝本当に日本は独立したのか〟と言いたい。一番の象徴は、沖縄だ。独立国なら、沖縄の人たちから多くの土地を奪い、美しい海をつぶして、基地をつくるためにアメリカに明け渡すなどできるだろうか。沖縄を日本と思うなら、日本が独立国というならば、辺野古に新基地を絶対につくらせてはいけない。戦争で悲惨な目にあわせた沖縄が今もなお苦しんでいることを忘れてはならない。

人間は過ちを犯すものだからこそ

いま、日韓、日中の関係がおかしくなっているが、率直に国のリーダーは事実を認め、謝ればいいんだ。従軍「慰安婦」も、南京大虐殺も、歴史の真実はウヤムヤにしてはならない。

戦争というのは人を殺すことだ。戦場の体験、被爆の体験をした人は70年たっても、まだ苦しんでいる。その戦争を人間は繰り返してきた。だからヨーロッパでは、悲惨な体験から、もう互いに戦争をしないようにEU（欧州連合）を発展させてきた。アジアにも、アジア連合（AU）をつくるべきだ。日本はアジアの一員だ。「日米同盟」だけではダメで、アジア連合をつくって、韓国とも中国ともアジアの一員として協力するようになって、戦争をおこさないようにすべきだ。再び戦争をしてはならない。これは、当たり前のことだよ。（聞き手　乾友行）

（2014年9月号）

菅原文太

【寄稿】表象としての最後の一葉

おひさまファーム竜土自然農園取締役

菅原 文子さん

すがわら・ふみこ

農業生産法人（株）おひさまファーム竜土自然農園取締役。辺野古基金共同代表。菅原文太さんと結婚、マネジャーをつとめる。

『最後の一葉』は、約百年前に47歳でその生涯を終えたオー・ヘンリーの傑作の一つである。重篤の肺炎で、望みを失った若い女性に生きる力をとり戻させたのは、病床から見える向かいの古い家の壁に、へばりつくように残った一枚のツタの葉だった。その葉は、北風が吹き付ける中で老画家が彼女のために描いた絵だった。老画家はその絵を描いた後、肺炎にかかり死んでゆく。

この最後の一葉を、若い人びとの生きる希望の表象だと考えるなら、その仕事をするのは老人であることを物語っている。それがまた命がけの仕事であることも。夫の最晩年の姿が重なる。

希望はどこに見いだすことができるのか

今や世襲の貴族と化した二世、三世だらけの国会議員から遠く、彼らが肌身で実感することも難しい貧困と絶望が国のそこかしこに濃さを増している。このような時代、最後の一葉に表象される希望はどこに見いだすことができるのか。

憲法9条がその一つだ。罪無き人たちを罪無き人たちが殺戮《さつりく》するのが戦争であり、国家の正義も大義も、その犯罪行為の前には正当性と説得力を失う。

人びとの生命と暮らし、自然と環境への破壊行為を、再び国家の名においてさせないためには、9条が残された唯一最後の砦だということを、長く時代を見てきた人びとは知っている。9条は最後の一葉であり、それを北風から守るのは老人の仕事だ。

菅原文子

政治の役割はふたつあります。ひとつは、国民を飢えさせないこと、安全な食べ物を食べさせること。（拍手）もう一つは、これが最も大事です。絶対に戦争をしないこと！（大きな拍手）――菅原文太さんの訴えは多くの人びとの心に響いた（沖縄県知事選・翁長雄志候補を支援する「うまんちゅ　１万人大集会」で、2014年11月１日、沖縄セルラースタジアム那覇）

昨年（２０１４年）６月に新宿駅南口の歩道橋で、集団的自衛権の行使容認に抗議して、63歳の孤独な男性が焼身自殺を図った。各メディアは奇妙なほど報道を控えた。報道自粛の理由は自殺の連鎖を防ぐためだそうだが、それを鵜《う》呑《の》みにする人は多くないだろう。朝日新聞と東京新聞に勇気ある記者たちによる続報が出たことで、気がかりだった彼の消息を少しは知ることができた。今はどうしておられるのだろうか。

戦争突入とならないと誰が断言できるのか

他国から攻撃を受け国民の生命財産が脅かされた時のためだと、政権は憲法の解釈を曲げた。一人の日本人としては、他国からの攻撃を心配するよりむしろ、自国の政府、あるいはその背後にいる一枚上手の大国がなけなしの生命財産を収奪するのではないかと、そっちの心配の方に現実味がある。国の財政がせっぱ詰まると、「他国からの攻撃の恐れ」が持ち出され、あげくに、ある日突然に戦争突入とならないと誰が断言できるか。あり得ない話だろうか?

こんな時代には、新宿のあの歩道橋も、かすかに残る煤《すす》の跡も、悲しい表象として意味を持ち続ける。

(2015年2月号)

菅原文太さんの死去(2014年11月28日)にさいし、文子さんは次のコメントを発表しています。

◇

七年前に膀胱がんを発症して以来、以前の人生とは違う学びの時間を持ち「朝に道を聞かば、夕に死すとも可なり」の心境で日々を過ごしてきたと察しております。

「落花は枝に還らず」と申しますが、小さな種を蒔いて去りました。一つは、先進諸国に比べて格段に生産量の少ない無農薬有機農業を広めること。もう一粒の種は、日本が再び戦争をしないという願いが立ち枯れ、荒野に戻ってしまわないよう、共に声を上げることでした。すでに祖霊の一人となった今も、生者とともにあって、これらを願い続けているだろうと思います。

恩義ある方々に、何の別れも告げずに旅立ちましたことを、ここにお詫び申し上げます。

〝ＮＨＫの危機〟—民主主義が問われている
「戦争する国」の広報機関にしてはならない

元ＮＨＫディレクター

池田　恵理子さん

いけだ・えりこ

1950年生まれ。ＮＨＫディレクターとして「おはようジャーナル」、「ＥＴＶ特集」で女性、人権、教育、エイズ、戦争、日本軍「慰安婦」などの番組を制作。2010年定年退職。現在、アクティブ・ミュージアム「女たちの戦争と平和資料館」(wam)館長。著書に『エイズと生きる時代』(岩波書店)、共編著書に『女性国際戦犯法廷の記録　第2巻　加害の精神構造と戦後責任』(緑風出版)、『ＮＨＫが危ない！』(あけび書房)など多数。

いま〝ＮＨＫの危機〟が心配されていますが、それは〝国民の知る権利の危機〟、〝日本の民主主義の危機〟というのが本質ではないでしょうか。

籾井《もみい》勝人《かつと》ＮＨＫ会長の「政府が右ということを左というわけにはいかない」をはじめ、「慰安婦」をめぐる発言などは、公共放送、ジャーナリズムであることのあからさまな否定です。聞いていて恥ずかしくなります。

異常事態がうまれている

安倍首相が〝お友達〟をＮＨＫの経営委員に送り込んだ結果ですから、事態は深刻です。このままではＮＨＫは政府の広報機関になり下がってしまいます。昨年（２０１３年）、大問題になった特定秘密保護法についても問題点を掘り下げるような番組の放送はなく、「クローズアップ現代」で１回も取り上げませんでした。ニュースに安倍首相が登場する頻度が増し、国会答弁で窮した場面のカット編集が目立ちます。

こんなことが当たり前になるというのは異常事態です。籾井会長や極右の言動をくりかえす経営委員の罷免を求めるとともに、ＮＨＫそのものを見直さなければなりません。

池田恵理子

NHKと「慰安婦」問題

私は1991年以後、日本軍「慰安婦」の番組を「ETV特集」などで計8本ほど作ってきました。しかし90年代後半、右派勢力の攻撃が強まるようになると、番組の企画は全く通らなくなりました。やっと実現した2001年の女性国際戦犯法廷の番組には、安倍首相（当時・官房副長官）らがNHKに圧力をかけて、ズタズタに改変させてしまいました。「慰安婦」問題は、今日の〝NHKの危機〟の象徴といえるのではないでしょうか。

「慰安婦」問題が顕在化したのは、91年に韓国の「慰安婦」被害者・金学順《キム・ハクスン》さんが名乗り出てからです。戦時中、日本軍と政府は国民に慰安所の存在を隠し通してメディアには報道管制を敷き、兵隊に向けては「慰安婦」は戦場に金もうけに来た売春婦だとしてきました。歴史的にも長い間、公娼制度を維持し、今でも売買春に寛容な日本社会であるだけに、「慰安婦」問題についてはメディアの責任も含めて、国民的に真剣な議論がいると思っています。

安倍首相は「慰安婦」の事実を歪《ゆが》め、否定しようとします。しかし、歴史は消せないし、世界の人びとは事実を知っています。国際社会では、「慰安婦」は性暴力の被害者であり、「慰安婦」制度は重大な戦争犯罪だということが常識になっています。歴史を学ぼうとしない安倍首相は、日本を「美しい国」にするのでなく、世界から軽蔑される国にしてしまうのです。

NHKの現場の人たちには、外に向かって少しでも声を出してほしいですね。私の在職中と比べても今のＮＨＫは格段に管理強化されて、相互監視によって萎縮し、自由のない職場になっています。しかし、こんな危機的な状況だからこそ何とか手を尽くして、内部からのまっとうな声を発信して欲しいです。こんな時こそ労働組合（日放労）にがんばってもらいたい。

あなたの声を

ひとりひとりの視聴者の皆さんにも声をあげてほしいです。１本の電話やメールの積み上げは力になります。ＮＨＫの中では必ず回覧されるし、影響大です。

私は先輩から、「１本の電話の背後には同じ思いの10人がいる。１通の手紙には１００人がいると考えなさい」と教えられました。現場のディレクターや記者は厳しい批判から学び、励まされます。ＯＢやＯＧもがんばります。あきらめず、力を合わせていきましょう。（聞き手　乾友行）

（２０１４年７・８月合併号）

池田恵理子

〝オール沖縄〟は崩れない

辺野古新基地反対の「建白書」を団結の要にして

元沖縄県議会議長

仲里 利信さん

なかざと・としのぶ

1937年3月、沖縄県南風原（はえばる）生まれ。92年から沖縄県議会議員（自民党）、2006年に沖縄県議会議長、07年「教科書検定意見撤回を求める県民大会」実行委員長。自民党沖縄県連幹事長、副会長、顧問など歴任。13年11月、自民党離党。オール沖縄として衆議院議員一期(沖縄4区2014年)。

――辺野古新基地建設反対の〝オール沖縄〟の象徴のお一人、仲里さんのご活躍に励まされています。

仲里　先の総選挙で、沖縄の自民党候補者は、普天間基地は「県外・国外」と公約しました。私もそう言って訴えました。ところが公約を投げ捨て、辺野古新基地容認になった。どうしても、私は許せませんでした。だから西銘《にしめ》恒三郎《こうさぶろう》衆院議員（自民党）の後援会長を辞し、さらに昨年（２０１３年）11月末、自民党を離党しました。

今日の〝オール沖縄〟につながったのは、２００７年の教科書検定意見の撤回を求める県民大会でした。軍の命令による集団自決を否定するなど、絶対に認められませんでした。この大会開催を決定する過程で、私は自分の沖縄戦体験――山原《やんばる》（＊1）を逃げ回り、銃剣を持った日本兵が〝ガマ〟（洞窟）で泣く私の3歳の妹を黙らせようと「毒おにぎり」を食べさせようとしたことや、母の母乳が出なくなり1歳の弟も死んだという話をしました。

私は県議会議長でしたので、大会実行委員長になりました。そこで自民党も共産党も、沖縄の歴史を偽造するな、沖縄を侮辱するな、という沖縄の願い、怒りでひとつになったんです。そしていま、沖縄全41市町村長・議会議長らが署名した普天間基地撤去、辺野古新基地建設反対、オスプレイ配備撤回を求める「建白書」（２０１３年）があり、これが沖縄の総意であり、これを大切にしていきたい

仲里利信

と思います。

本当のいくさを知らない安倍首相

――猛暑のなか11万5千人が参加した、その県民大会に私も参加しました。沖縄戦で亡くなった肉親のお墓におまいりしてから集会に参加した、と言う方がたの話をうかがって、沖縄のたたかいのすそ野の広さ深さを強く感じました。

仲里　〝オール沖縄〟は、崩れていません。自民党の一部が寝返っても、世論調査では73％が辺野古新基地反対です。名護市長選挙でも勝利しました。沖縄市長選挙は残念な結果でしたが、沖縄市民の間でも「建白書」を支持する声は多数派でした。

沖縄県民には、教科書検定問題のときに爆発したように沖縄戦の体験があります。さらに、沖縄の戦後の歴史があります。米軍に占領され、統治され、復帰後も、何かあるたびにカネで騙《だま》され、利用されてきた。沖縄県民を侮辱してきた。ケビン・メアー国務省日本部長が、沖縄県民を「ごまかしとゆすりの名人」と暴言を吐きました。あれは日本政府の官僚が言い含めた言葉だと思います。

いま国際的にも、オリバー・ストーン監督ら海外著名人が沖縄の「軍事植民地状態」を終わらせることをよびかける国際声明を発表し、ひろげていただいています。いつまでも外国軍がいていいのか、安保条約の問題も正面から議論しなければならない時でしょう。

この秋に沖縄県知事選挙がありますが、〝オール沖縄〟対日米政府、一部の言いなり派とのたたかいです。「建白書」で団結し、言いなり派を孤立させることです。

安倍首相は本当に戦争好きです。そして本当の戦《いくさ》を知らない。だから戦争準備の国づくりができるのです。集団的自衛権なんてことを言っていますが、とんでもないことです。〝自分で銃をかついで戦地に行ってみなさい〟、と安倍さんに言いたいです。

沖縄と本土連携を強め

――沖縄返還闘争もそうでしたが、沖縄と本土の連帯が大切ですね。

仲里　沖縄だけの問題ではないんです。辺野古新基地を認めると次つぎに戦争準備がすすみます。先島《さきしま》（＊2）にも自衛隊基地を増強しようとしている。自衛隊が海外に行って戦争するようになり、ついには徴兵制にまで行きますよ。沖縄の問題は、日本国民全体の問題、平和の問題ですよ、と訴えたいのです。

辺野古新基地建設についての世論調査で、本土と沖縄で落差があります。これではいけない。そう思い、本土の方にも沖縄の声を伝えなければ、と決心を固めました。本土の多くの団体、支援の方にお会いし、決して沖縄は見捨てられていない、とわかりました。これから、本土の多くの団体、革新懇の方とも、いっそう連携を強めていきたいと思います。どうか、沖縄をよろしくお願いします。

仲里利信

（聞き手・乾　友行）

＊1　山地の多い沖縄本島北部地域

＊2　宮古列島・八重山列島の総称

（2014年6月号）

原発問題の根底にある〝経済成長至上主義〟から脱却を

資本の論理が当たり前の幸せを壊してゆく

ジャーナリスト

斎藤　貴男さん

さいとう・たかお

1958年、東京都生まれ。「日本工業新聞」記者、「週刊文春」記者などを経てフリー。主な著書に『機会不平等』（文春文庫）、『ルポ　改憲潮流』（岩波新書）、『消費税のカラクリ』（講談社現代新書）、『「東京電力」研究　排除の系譜』（講談社）、『戦争のできる国へ　安倍政権の正体』（朝日新書）など多数。

東日本大震災・福島原発事故から3年がたちました。前代未聞の大事故を起こしたにもかかわらず、東京電力は反省するどころか、被災者たちに冷たく対応し、再稼働を求めています。

東京電力の強気の秘密

なぜあれほど強気なのか。一番根底にある大きな問題は、日本社会の全体が経済成長を絶対の価値観とする「経済成長至上主義」に染まりきっていることだと思います。

いま安倍政権は、いわゆるアベノミクスの第3の矢・成長戦略の柱として「インフラ・システム輸出」を推進しています。単にあれこれの社会基盤を外国に売り込むだけでなく、コンサルティングから設計、施工、運営、メンテナンスまで、都市づくり、国づくりそのものの〝海外展開〟といえるものです。

その大きな柱に原発輸出がある。自分の国が〝原発は危険だ〟と止めていて、輸出できますか？という話です。原発推進は国策であり、日本は「経済成長至上主義」のもと官民一体のオールジャパン体制で、原発・原子力立国の道をすすんでいます。

安倍政権や原発推進勢力にとって、原発の稼働は、国内で電力が足りても足らなくても関係なく、原発をショールームとして再稼働することが必要なのです。

こうした国策にこそ、東京電力の「強気」の秘密があるのです。

原発輸出と海外派兵

実は原発を大きな柱にした「インフラ・システム輸出」は、民主党政権で「パッケージ型インフラ海外展開」として決められたものです。引き継いだ安倍政権は「資源権益の確保」、「邦人の安全確保」を加えて、推進しているのです。資源のある国には紛争やテロの火種も多い。そこの国づくりになど乗り込めば、侵略行為と受け取られる危険がつきまといます。

この文脈で自衛隊の海外派兵も必要になり、いよいよ憲法9条がじゃまになってきている。ハッキリいって、「帝国主義」です。といってもアメリカの属国〝衛星プチ（ポチ?）帝国〟ですが。

無批判を批判する

都知事選で、細川さんが立候補しました。これを「脱原発」として、無批判に迎えるのは、根底から違うと、私は思います。なんのための脱原発か、原発はどんな社会をつくってきたのか、脱原発でどんな社会をつくろうとしているのか、ということです。

一点だけ指摘すれば、細川さんと小泉さんは、「経済成長至上主義」の立場です。「原発がなくても成長できる」と主張している。ここが違う。3・11直後に「日本社会はこれでいいのか」「どう生きるべきか」をみんなで考えたことを思い起こして下さい。

そもそも細川さんが首相のときの諮問機関の座長として平岩外四・東京電力会長がまとめた「平岩

斎藤貴男

レポート」が〝痛みを伴う改革〟を打ち出しました。それが小泉さんの新自由主義的な「構造改革」につながり、いまの社会状況をつくってきたのです。

何が目的なのか

私は経済成長に反対しているのではありません。しかし人間にとって経済成長それ自体は目的ではない。幸せな生活をするための手段でしょう。目的と手段を取り違えてはいけない。

経済成長至上主義は、資本の論理です。大企業が潤えばみんなが豊かになるというのはとんでもない思い違いです。一部のエリートと大多数の安上がり派遣労働者および失業者という社会になります。どんな大きな問題があっても、「景気が回復するかどうか」ばかりを争点にしてしまうマスコミもいけない。

資本の論理が貫徹する社会―そこを変えなければ一人ひとりの生活も、地域も、社会や国さえも、歪《ゆが》み、つぶされてしまいます。幸せや人権、原発の危険、そんなものはコストとして切り捨てられていく。みんなでゼロから考え直すべき時期ではないでしょうか。(聞き手　乾友行)

(2014年3月号)

秘密保護法廃止へ
これからが問われる新聞
市民の運動を伝え、市民に支えられるジャーナリズムへ

新聞労連委員長

日比野 敏陽さん

ひびの・としあき

1965年、岐阜県生まれ。日本新聞労働組合（略称・新聞労連）中央執行委員長（2012～14年、日本マスコミ文化情報労組会議議長、京都新聞記者。

秘密保護法が成立したからといって、あきらめていません。これはジャーナリズムを否定する法律です。だから、これからどうするかが問われています。

具体的なあらわれを告発

新聞労働者でつくる新聞労連は、廃止の旗をたてて、運動をつづけます。

海江田万里代表（民主党）や志位和夫委員長（日本共産党）は、廃止法案を通常国会に提出すると言っています。「秘密保護」をめぐる、あれこれの論点の違いは脇において、まずは「廃止する」という点にしぼって、野党は一致して法案を出してほしいと要請しています。

もうひとつは、実際に、秘密保護法がどういうあらわれをしているか、具体的な事実を取材し、報道し、告発することが大切だと思っています。

現場はどうなっているのか。これまで明らかにされていたことが公表されなくなっていないか。地方公務員や事業者などにもひろく秘密保持の網がかぶさり、処罰や適正評価の対象とされていないか。さまざまな影響を見逃さず、明らかにしていこうとよびかけています。

秘密保護法反対のたたかいと新聞・マスコミ

新聞労連は秘密保護法の動きに反対し、いちはやくとりくんできました。しかし、新聞・マスコミが取り上げ出したのは、実際には秘密保護法案として形を整え、さらに国会に提出されてからでした。やはり遅かった。ここに法案成立を許した大きな要因があると考えています。

新聞・マスコミの危機感が弱かった。80年代の国家機密（スパイ防止）法案反対のときは、記者も、労組も、会社も新聞社あげて反対しました。そして国民世論が盛り上がり、廃案に追い込みました。ところが今回、新聞の経営者団体である日本新聞協会は「強い危惧」を表明しただけで、事実上、何もしませんでした。新聞業界に対する読者・国民の不信感を増幅させ、価値をそこねる許しがたい行為です。この背景には、新聞の経営悪化があり、消費税軽減税率の適用を受けなければならない、それを前にしてあまり政府と対決したくない、という考えもあったでしょう。

市民運動と新聞がともに

秘密保護法に反対する市民の運動がひろがりました。これを新聞は一定報道しましたが、残念ながら遅かったし、まだまだ弱かったと思います。

その背景には、法案の本質的な問題を明らかにし、国民の声を重視するのでなく、政局報道に偏重する傾向があります。だからどの政党がどんな修正を提案するとか、どういう投票態度をとるかなどに終始してしまう。その典型がＮＨＫの報道で、ひどかったですね。秘密保護法の本質を問う報道はまったくありませんでした。

秘密保護法に反対する市民の運動に新聞・マスコミが寄与したというよりも、市民の運動を通じて新聞の側が学んだと言うべきでしょう。

市民が声をあげる、街頭に繰り出す、それが政治に影響する、動かすということは、民主主義にとって大事なことです。しかし、こうした体験は、全共闘世代なら「久しぶり」でしょうが、いま新聞をつくっている世代にとっては「初めて」の経験なんです。これを大切にして、政局報道に終始するのでなく、新聞が市民の運動を伝え、また新聞が市民の運動に支えられるという関係を追求したいですね。（聞き手　乾友行）

（２０１４年2月号）

国民国家解体の道は許さない
共生と連帯こそ社会を変える力

神戸女学院大名誉教授・武道家

内田 樹さん

うちだ・たつる

1950年生まれ。東京大学文学部卒。専門はフランス現代思想。『私家版・ユダヤ文化論』（文春新書）で第６回小林秀雄賞、『日本辺境論』（新潮新書）で第３回新書大賞など、著書多数。神戸市に道場「凱風館」を開設。合気道七段。

秘密保護法反対の学者のアピールを出そうという呼びかけに、私の所だけで一晩で約３００人が賛同を寄せてくれました。参院採決時には、合計３０００人を超えました。保守の人を含めて怒っています。

暴政くいとめる世論を大きく

法案の文言もひどい。「テロリズム」は「政治上その他の主義主張に基づき、国家若しくは他人にこれを強要し、又は社会に不安若しくは恐怖を与える目的で人を殺傷し、又は重要な施設その他の物を破壊するための活動」とされています。私が日々行っている言論活動も「政治上の主義主張に基づき、他人に強要」しているものだとみなすことが可能です。行政府が市民のすべての言論活動を恣意的に処罰できる。これほど抑圧的な法律が民主国家で制定されるということはありえないことです。

改憲のもくろみがアメリカの干渉によって挫折した後、安倍内閣は「集団的自衛権行使」は解釈改憲できりぬけて、秘密保護法で憲法21条（表現の自由）を空洞化しようとしています。審議に時間をかけると法案の実体が暴露され、反対世論が盛り上がることが眼に見えているので、国民が内容を知る前に採決しようという国会運営に、法案の本質が表れています。

採決されてしまった後も反対の手を緩めるべきではありません。内閣支持率が急落すれば、法律があっても、強権的な政権運営はむずかしくなるでしょう。そこまで追い詰めていくことが大切だと思います。

「金がすべて」では国は解体

安倍内閣は「世界で一番企業が活躍しやすい国」をめざすといいます。私は、これを「日本のシンガポール化」「国民国家の株式会社化」だと思っています。シンガポールは、国家目的が経済発展という国です。だから一党独裁で、反政府的な政治運動は存在しません。反政府的なメディアも存在しない。大学に入るにも「反政府思想をもっていない」という証明書が必要です。

そういう国にすれば効率的に国が運営できると思っている。これは株式会社モデルです。株式会社では役員会の議事内容を労働組合に開示しないし、従業員の過半の同意がなければ経営判断を下せないというようなこともない。利益追求のためには情報を隠すし、他社と密約もする。それが彼らの考える「決められる政治」なのです。

私たちは今「デモクラシーか、金儲《もう》けしやすいシステムか、どちらを取るか」を迫られています。そして、国民はデモクラシーを捨てても金儲けを選ぶ。安倍政権はそう思っている。その驕《おご》りが秘密保護法の強行採決に表われています。

国民国家は株式会社ではありません。この土地から離れることができない成員たちに雇用を確保し、安全を保障し、次世代を担う若者たちの成熟を支援するための制度です。これがいま解体過程に入っています。

内田　樹

今の日本では、「日本以外のところで暮らせる人間」たちが社会の最上層を形成し、日本列島でしか生きていけない、日本語しか話せない、日本文化に深く根づいた人たちが最下層に格付けされています。この「下層民」たちは低賃金に耐え、原発事故に怯え、高い税金を払い、「上層民」たちが効率的に金儲けをするのを支援することを要求されている。これを「国民国家の解体」と言わずして、なんと形容すればいいのでしょう。

世の中を変える仲間を増やそう

市民運動に必要なのは一人でも多くの賛同者を獲得することです。過度に理想主義的な目標を掲げ、それに同調しない市民を切り捨てるような態度では、政府の強権を抑制する力を持つことはできません。

かつてマルクスは、「万国のプロレタリア団結せよ」とよびかけました。共生と連帯だけが私たちの力です。（聞き手　増村耕太郎）

（２０１３年12月・14年1月合併号）

原発ゼロ　希望を持って声をあげつづけ

「首都圏反原発連合」

ミサオ・レッドウルフさん

Misao Redwolf

イラストレーター。2007年に反原発団体「NO NUKES MORE HEARTS」を立ち上げ、主宰。3・11を受け、11年9月、原発ゼロを求めるグループとネットワーク「首都圏反原発連合」を結成。

「再稼働反対」「原発いらない」――毎週金曜日夜、官邸前に響くコール。300人からはじまった行動が大きなうねりをつくりだしました。この行動をよびかける「首都圏反原発連合」のミサオ・レッドウルフさんに話を聞きました。（聞き手　乾友行）

安倍首相は、原発を海外に売り込み、福島原発の汚染水はコントロールされていると言いました。耳を疑ったし、もちろん腹が立ちます。安倍さんは本当に原発事故の実態をわかっているのだろうか、原発の危険を知っているのだろうか、との思いが強いです。

もっとまわりの人に

国民のだいたい7割ぐらいが原発はもういらない、と言っています。しかし、選挙になると、それがストレートに反映しない。「原発はいらない」といっても、その度合い、グラデーションがいろいろあって、「即時ゼロ」から「ない方がいいな」という人までいます。選挙では、「どの政党を選ぶかは、みなさんで考えて下さい」という立場から、脱原発「あなたの選択」プロジェクトを立ち上げました。

衆院選挙、参院選挙で、各政党の原発政策を比べ、脱原発度に応じて並べた表をつくり、それぞれ50万枚配るなどしました。民主党はダメという意識が強く、自民圧勝を伝えるマスコミの影響もあって自民が多数を占めました。デモにもこない人、さらにもっと周りの人に働きかけることが必要だと痛感しています。

参院選で国民の意識が

でも参院選挙では、東京の選挙区で反原発の吉良よし子さん（日本共産党）、山本太郎さん（無所属）が当選したのは、大きいことと思っています。それに大阪や京都でも共産党の人が当選しました。まだ限られていますが、国民の意識の変化のあらわれだと思い、希望を見出しています。

原発をなくそうとすると最終的には国会で多数が原発いらないとならなければならない。でもシングルイシュー（1つの課題）だけで、政治を変えるのはむずかしい。でも運動はシングルイシューでおこなう方が有効な点が多い。マルチで取りあげると、原発反対というイシュー以外での合致も必要になり、シンプルに「原発反対」で参加したい人には逆に敷居が高くなる。政権打倒などのような運動はなかば思想もともなう政治運動であって、国策の転換を求める私たちの反原発運動とは性格が違う。それぞれが必要であって、共鳴や連携はあっても、一線を画すことが大切だと思っています。

私個人としては、原発問題の背景に、安保条約の問題があると思っています。TPP（環太平洋連携協定）でもそうですが、アメリカの枠にしばられる。安保条約は日本を植民地化する条約といえるでしょう。最終的には安保をなんとかしたいと思っています。しかし、脱原発の運動は、原発というシングルイシューで取り組んでいます。そこを守ることが、運動を大きくすすめていくためにも大事だと思っています。

大きな変化の予感がする

小泉さんも原発ゼロを言い出しています。〝言うならもっと早く言ってよ〟とも言いたくなりますが、運動の反映があると思っています。いま原発は稼働ゼロです。これも、運動の成果だと考えています。官邸前だけでなく、全国で多くの人が声をあげました。

たしかに運動には波があります。参加者が少なくなったこともあります。しかし、世論調査をみても、国民は脱原発がいつも多数です。この土台というのは、しっかりとできていると思います。ここに自信をもって、声をあげ続ける、そしてもっと工夫する、そうしていけば、必ず私たちの願いが実現するときがくると信じます。大きな変化の予感がするんです。

（２０１３年11月号）

平和・民主・革新の日本をめざす全国の会（全国革新懇）

全国革新懇とは

革新懇運動は1980年に始まり、全国革新懇は1981年5月26日に結成されました。

よりよい日本をつくるために、力を合わせて運動を起こすことが決定的に重要だと考えた多くの無党派の個人や団体、政党が生み出した組織です。

次に掲げる「3つの共同目標」にもとづき、「国民が主人公」の日本をめざすとともに、一致する課題での共同をすすめ、一歩でも社会がよくなるように努力しています。思想、信条、支持政党の違いを超えて、目標や要求で力を合わせています。

全国革新懇の3つの共同目標

①日本の経済を国民本位に転換し、暮らしが豊かになる日本をめざします。
②日本国憲法を生かし、自由と人権、民主主義が発展する日本をめざします。
③日米安保条約をなくし、非核・非同盟・中立の平和な日本をめざします。

連絡先

〒151-0051 東京都渋谷区千駄ヶ谷1－7－8　千駄ヶ谷尾澤ビル1階
TEL　03-6447-4334／FAX　03-3470-1185
メール　zenkoku@kakushinkon.org

インタビュー集《しゅう》　時代《じだい》を拓《ひら》くあなたへ――50人《にん》の伝言《でんごん》

2018年6月25日　初　版

編　者　全国革新懇
発行者　田所　稔

郵便番号　151-0051　東京都渋谷区千駄ヶ谷4-25-6
発行所　株式会社　新日本出版社
電話　03（3423）8402（営業）
03（3423）9323（編集）
info@shinnihon-net.co.jp
www.shinnihon-net.co.jp
振替番号　00130-0-13681

印刷・製本　光陽メディア

落丁・乱丁がありましたらおとりかえいたします。

ISBN978-4-406-06259-6 C0031　Printed in Japan